Dietmar Bruckner / Jo Seuß

111 Orte
in Nürnberg,
die man gesehen
haben muss

Mit Fotografien von Peter Roggenthin

emons:

Bibliografische Information der Deutschen Nationalbibliothek
Die Deutsche Nationalbibliothek verzeichnet diese Publikation
in der Deutschen Nationalbibliografie; detaillierte bibliografische
Daten sind im Internet über http://dnb.d-nb.de abrufbar.

© Hermann-Josef Emons Verlag
Alle Rechte vorbehalten
© alle Fotografien: Peter Roggenthin
Gestaltung: Eva Kraskes, nach einem Konzept
von Lübbeke | Naumann | Thoben
Kartografie: altancicek.design, www.altancicek.de
Druck und Bindung: B.O.S.S Druck und Medien GmbH, Goch
Printed in Germany 2012
ISBN 978-3-95451-042-9
Originalausgabe

Unser Newsletter informiert Sie
regelmäßig über Neues von emons:
Kostenlos bestellen unter
www.emons-verlag.de

Vorwort

Der Adler befindet sich zwar im Nürnberger Stadtwappen, aber wenn ein Tier ernsthaft für die Frankenmetropole steht, dann ist es der Hase, der folgerichtig auch die Titelseite dieses Buches ziert. Natürlich handelt es sich um *den* Hasen, den einst der große Meister Albrecht Dürer gemalt hat und den Kunstakademie-Professor Ottmar Hörl anno 2003 in seinem »Großen Rasenstück« siebentausendfach am Hauptmarkt aufleben ließ. Aber nicht nur dem Dürer'schen Langohr begegnet man in dieser Stadt. Zwei rote Rammler der renommierten Bühnenbildnerin Rosalie sitzen beim Plärrer in luftiger Höhe, ein monströses Exemplar liegt schwer angeschlagen am Tiergärtnertorplatz, während quicklebendige Hasen im Knoblauchsland und am Rathenauplatz herumhoppeln. Nicht zu vergessen: der Hasenbuck, ein wenig schillernder Stadtteil, wo nachts tierisch die Post abgeht.

Der ganz spezielle Kunstverein im Z-Bau ist einer von 111 Orten, die man in Nürnberg gesehen haben muss. Ebenso wie andere kleine und große, versteckte und belebte Gebäude, Plätze und Attraktionen, die es in dieser Halbmillionenstadt genügend gibt. Beim Aussieben hatten wir oft die Qual der Wahl. Geschichtsträchtiges gibt es zwischen Kaiserburg, Henkerhaus und Zeppelinfeld zur Genüge. Aber auch Geheimtipps, die beweisen, dass Nürnberg kein mittelalterlich angehauchtes Museum ist, sondern vielfältige Entdeckungen zu bieten hat. Unser Buch will Sie begeistern, verblüffen, (ver-)führen und ein Kumpel beim Streunen durch die Stadt sein.

Der Hase taucht übrigens auch in einem Satz auf, der eine tierisch fränkische Definition für Nürnberg ist. Er heißt: Wo die Hasen Hosn und die Hosen Husn hasn. Ein Zungenbrecher mit sprödem Charme, den Touristen, Zugereiste und selbst Eingeborene oft erst langsam verstehen. Wem das gelingt, der fühlt sich mit einem Schlag heimisch. Also: Naus auf die Gass! Viel Vergnügen beim Lesen und beim Herumstreifen mit Adlerauge, Pferdelunge und gespitzten (Hasen-)Ohren!

111 Orte

1 Die A 73-Unterführung

Spinnen an der Fürther Stadtgrenze

Ein rotes Herz ziert den Rand der Unterführung am äußersten Zipfel von Schniegling. Das wirkt einladend. Doch man sollte dem Frieden nicht trauen – aus mehreren Gründen. Zum einen befindet man sich unter der Stadtautobahn A 73, die allgemein Frankenschnellweg genannt wird, im Volksmund aber wegen der tagtäglichen Staus in diversen Abschnitten »Frankenkriechweg« heißt. Auf Grund dessen läuft ein lokalpolitischer Dauerstreit um die Frage, ob ein 400-Millionen-Euro-Ausbau mehr Nutzen oder Schaden haben wird.

Ein schwieriges Thema, das an dieser A 73-Unterführung keine zentrale Rolle spielt. Primär sind hier, wo die Pegnitz gurgelt, Radfahrer, Skater, Jogger und Fußgänger unterhalb des Niederwegs unterwegs. Die kräftige Sandsteinmauer stammt aus dem 19. Jahrhundert, als die ehrwürdige Ludwigseisenbahn eine weitere Strecke nach Norden bekommen sollte. Statt der Züge rasen längst Autos vorbei – und das exakt an der Nürnberg-Fürther Stadtgrenze, die laut Stadtplan schräg unter der A 73-Unterführung verläuft.

Da weder Grenzsteine noch Ortsschilder zu sehen sind, weiß man nicht genau, wo Nürnberg aufhört und wo Fürth beginnt. Folglich hat der rund 30 Meter lange Streifen unter der gerippten Unterführungsbetondecke etwas von einem unheimlichen Niemandsland voller Graffiti, für das sich keine der beiden Kommunen zuständig zu fühlen scheint.

Vor allem die dicken Spinnweben, die um zwei Laternen hängen, die 24 Stunden lang eingeschaltet sind, sehen so ekelig aus, dass sie den fränkischen Kabarettisten Matthias Egersdörfer zu einem legendären Text über die fiesen Spinnen unter der A 73 und den dreckigen Weltmarktkapitalismus animiert haben, der im Herbst 2011 in der TV-Sendung »Neues aus der Anstalt« zur Aufführung kam. Seitdem ist klar: Irgendwann muss dort unten ein Radler anhalten, mit seiner Luftpumpe (diese taucht auch in Egersdörfers Text auf) hochsteigen und mit Herz aufräumen.

Adresse unter dem Frankenschnellweg, Höhe Kurgartenstraße, Zugang über Niederweg und den Radweg entlang der Pegnitz, 90427 Nürnberg-Schniegling | **ÖPNV** Bus 39 und 175, Haltestelle Herderstraße | **Tipp** Fürth entdecken. Um die Ecke befindet sich auf dem Ex-Grundig-Areal das sehenswerte Rundfunkmuseum, ansonsten: Stadtpark, Babylon-Kino, Jüdisches Museum, Gustavstraße, Kulturforum, Uferpromenade, Südstadtpark und natürlich der Ronhof!

2 Der Adler

Eine Trumm Lok: Sie zog Deutschlands erste Eisenbahn

Bei den ersten Filmvorführungen, so wird erzählt, schrien die Menschen auf, wenn sie auf der Leinwand Dinge auf sich zukommen sahen. Daran fühlt man sich erinnert, wenn man Berichte von der ersten Eisenbahnfahrt zwischen Nürnberg und Fürth im Jahr 1835 liest: »Kinder weinten beim Anblick des Dampfes«, heißt es da, Pferde scheuten beim Herannahen des Ungetüms, viele Menschen hätten angesichts der geballten Energie, die da auf sie zurollte, »ein leises Beben nicht unterdrücken können«. Viele Ärzte fuhren mit in den neun Waggons auf der sechs Kilometer langen Strecke von Nürnberg nach Fürth, fürchtete man doch, die Passagiere könnten das rasante Tempo von 35 Kilometern pro Stunde nicht heil überstehen und Schwindelanfälle bekommen. Außen freilich die Menschenmenge, die wegen des Spektakels gekommen war – sie jubelte und fühlte, dass sie Zeuge eines historischen Augenblicks war. Da machte es auch nichts, dass die Ludwigsbahn, benannt nach dem bayerischen König Ludwig I., nur zweimal am Tag unterwegs war. Sonst verkehrten Pferdewagen.

Gezogen aber wurde die Ludwigsbahn vom »Adler«, einer gewaltigen, dampfschnaubenden Lokomotive. Der Lokomotivführer hieß William Wilson und stammte aus England. Er blieb in Nürnberg, eröffnete eine Schlosserwerkstatt, wo der »Adler« repariert werden konnte, fand die Frau seines Lebens in der Stadt und liegt auf dem Johannisfriedhof begraben, zwischen den anderen Heroen der Stadtgeschichte.

Der »Adler« aber (oder besser eine Kopie davon) blieb der Stadt erhalten und steht im Außenbereich des Verkehrsmuseums. In 19 Kisten von der englischen Firma Stephenson verpackt, kam er ursprünglich nach Nürnberg. Die Räder erst guss-, dann schmiedeeisern, der Aufbau vielfach aus Holz, mit Blech vernagelt, die beiden waagerechten Zylinder mit Nassdampf betreibend, so war die Lok bei ihren Pionierfahrten zwischen Nürnberg und Fürth unterwegs.

Adresse DB-Museum, Lessingstraße 6, 90443 Nürnberg-Tafelhof | **ÖPNV** U2, Haltestelle Opernhaus | **Öffnungszeiten** Di–So 9–17 Uhr | **Tipp** Das zugehörige Denkmal befindet sich unmittelbar an der historischen Strecke in der Fürther Straße und ist eher Geschmackssache.

3 Der Alte Kanal mit Steinbrüchlein

Nostalgie pur – Nürnbergs schönstes Naherholungsgebiet

Hier ist die Zeit stehen geblieben: am Alten Kanal, Nürnbergs schönstem Naherholungsgebiet. Wenn sich alles ändert, die Zeit, die Menschen, die Verkehrsformen, hier ändert sich nichts. Käme jetzt einer dieser behäbig im Wasser liegenden Kähne daher wie im 19. Jahrhundert, von stämmigen Pferden am Ufer gezogen, niemand würde sich wundern. So wie sich niemand über die Ruhe und die lauschige Natur wundert. Längst ist aus dem Gegensatz von künstlicher Wasserstraße und unberührter Landschaft eine Symbiose geworden. Die Natur hat die Technik assimiliert. So einfach geht das.

Ursprünglich hieß die Verbindung Ludwig-Donau-Main-Kanal, weil sie den Main bei Bamberg mit der Donau bei Kelheim verband, in Auftrag gegeben von König Ludwig I. und 1846 für die Schifffahrt freigegeben. 100 Schleusen galt es auf der 172,4 Kilometer langen Strecke zu überwinden. Sechs Tage war man unterwegs. So richtig rentabel war der Kanal freilich nie. Bereits 1890 gab es Pläne, ihn zu schließen. Endgültig geschah dies dann erst 1950.

Wer am Kanal ist, muss einkehren. Das gehört dazu. Am besten in jener Wirtschaft, die die Franken zärtlich »Steinbrüchlein« nennen. Es ist ein leicht abschüssiger Biergarten mitten im Wald unter hohen Laubbäumen. Man sitzt auf Holzbänken an langen Tischen, bunte Glühbirnen verbreiten, wenn es dämmert, ihr Schummerlicht, und wenn's regnet, regnet man entweder durch oder flüchtet in die Loggia, die aussieht wie aus Tausendundeiner Nacht. Zu essen gibt es Bodenständiges wie Tellersülze, Krautwickel, Schäufele oder Wurstsalat, dazu das Landbier einer regionalen Brauerei.

Früher war hier ein Steinbruch, das hat den Ort geprägt. Für die Arbeiter wurde 1640 das Wirtshaus gebaut. Später kamen Pferdestallungen für die Treidelpferde hinzu. Nichts davon ist geblieben als die Überlieferung. Die jedoch trägt.

Adresse Gaststätte »Am Steinbrüchlein«, Am Steinbrüchlein 20, 90455 Nürnberg, Tel. 0911/48094000 | **ÖPNV** Bus 52, Haltestelle Am Steinbrüchlein | **Öffnungszeiten** Di–So ab 10 Uhr | **Tipp** Am besten das Rad mitnehmen und am Kanal entlang zum Brückkanal bei Burgthann radeln, wo der Ludwigskanal die Schwarzach überquert. Oder mit den Kindern den Waldspielplatz am Steinbrüchlein besuchen.

4__Das Antiquariat Deuerlein

Ein besonderer Dreiklang

Meistens stehen zwei nackte Männer in Lebensgröße vor der Tür. Türkisblau und freundlich. Antike Adonisse, die den idealen Blickfang für den Laden von Tom Deuerlein bilden. Seit 2003 zelebriert der gelernte Buchhändler hier einen besonderen Dreiklang – bestehend aus Antiquariat, Wein und Espresso. Und das hinter historischen Mauern, über die der Chef mindestens so fundierte Geschichten erzählen kann wie über seine zwei Wächter aus wasserfestem Hartplastik, die Alt und Jung symbolisieren sollen und die er auch verkauft hat, bis der kalabrische Hersteller der »Bronce di Riace« pleitegegangen ist.

Da wegen Amazon, Ebay und Co. die Zukunftsperspektiven für reine Buchläden weniger rosig sind, hat Deuerlein beschlossen, im Erdgeschoss des Marientorzwingers auf rund 70 Quadratmetern sein Reich aufzubauen. Und das in dem Teil, wo früher mal die Toiletten waren. Hier handelt der große Italien-Freund primär mit Dingen, die er selbst gern hat. Ergo lockt er Neugierige nicht nur mit Literatur, sondern auch mit guten Weinen, die nicht teuer sein müssen, und Espressobohnen, die als die Besten ihrer Art in Nürnberg gelten.

Ein echtes Liebhaberding genau gegenüber der Kunsthalle also, mit antiquierten Bücherregalen bis zur Decke, einer Uraltkasse und abgewetzten Rattanbarhockern, auf denen man in Deuerleins Kompendium »Lust auf Bücher. Nürnberg für Leser« schmökern kann, das er 2005 publiziert hat und wo alle Anlaufstellen für Leseratten in dieser Stadt zu finden sind. Restexemplare gibt es bei ihm – bestellbar auch via Internet.

Am schönsten sind aber die Storys, die man drinnen oder draußen an den Bistrotischen so nebenbei erfährt. Bei einem Espresso natürlich. Und wer zwei für einen bezahlen will, der unterstützt Deuerleins Benefizprojekt für die weniger Betuchten, denen er dadurch einen »Sospeso« spendieren kann – eine wunderbare Idee aus Neapel!

Adresse Lorenzer Straße 33, 90402 Nürnberg-Altstadt, Tel. 0911 / 222707 | **ÖPNV** Straßen-bahn 8, Haltestelle Marientor | **Öffnungszeiten** Mo–Fr 9–19 Uhr, Sa 10–16 Uhr | **Tipp** Der Zweitausendeins Buchladen ist etwas weiter in der Lorenzer Straße 15–17 gelegen, dort findet man andere Bücher- und CD-Schnäppchen als bei Deuerlein.

5 Der Apollo-Tempel

Ein Marionettentheater im alten Stil

Am Anfang waren ein paar Tischbeine. Daraus schnitzte Kurt Tomaschek seine ersten Figuren. Es war die Nachkriegszeit, und er wollte seinen Kindern eine Freude machen. Was der Puppenspieler aus dem Sudetenland damals noch nicht ahnte: Es sollten an die 300 Figuren werden, überwiegend aus dem Schatz der Grimm'schen Märchen, und er schuf damit die Basis für seinen späteren Broterwerb.

1960 kam die Familie aus der Oberpfalz nach Nürnberg und fand im Apollo-Tempel im Cramer-Klett-Park die ideale Spielstätte. Sechs Monate im Jahr zaubern die Tomascheks seitdem ihre Märchen auf die Bühne. »Hänsel und Gretel«, »Zwerg Nase«, »Das Gespensterschloss« oder »Die Mondlaterne« stehen auf dem Spielplan, der längst über den Grimm'schen Kosmos hinausgewachsen ist. Mehr als 20 Märchen hat Kurt Tomaschek inszeniert. Inzwischen hat die Enkelin die Regie auf der Puppenbühne übernommen, verschiedene Ensembles für die einzelnen Stücke haben sich gebildet. Geblieben ist das klassisch-antike Ambiente im Tempelchen im Park, das 1823 entstanden ist und vor Kurzem rundum saniert wurde.

Wie beliebt das Theater mittlerweile ist, zeigte sich im Jahr 2000, als der denkmalgeschützte Pavillon von Unbekannten angezündet wurde. Sofort bot die Kulturstiftung der Sparkasse ihre Hilfe an, Kollegen richteten ein Spendenkonto ein und gaben Benefiz-Veranstaltungen.

Nicht zu retten waren freilich 50 handgeschnitzte Marionetten sowie ein großer Teil der Kulissen.

Dennoch: Der Spielbetrieb läuft längst wieder. Immer sonntags um 15 Uhr pilgern Familien durch den Cramer-Klett-Park zum Apollo-Tempel.

Und es zeigt sich, dass Rumpelstilzchen und König Drosselbart nichts von ihrer Faszination verloren haben.

Adresse Marionettentheater im Cramer-Klett-Park, Bonhoefferstr. 18, 90473 Nürnberg-Wöhrd | **ÖPNV** U2, Haltestelle Wöhrder Wiese | **Tipp** Das Erfahrungsfeld zur Entfaltung der Sinne ganz in der Nähe ist allemal einen Besuch wert, auch für Kinder (siehe Seite 226).

6 __ Auf AEG

Ein heilsamer Schock

46 Tage dauerte der Streik Anfang 2006. Flammen loderten am Werkstor, es wurde gestritten, gepfiffen, gebibbert und endlos verhandelt. Der schwedische Mutterkonzern Electrolux stimmte schließlich den Sozialplänen und Abfindungen für 1.700 Mitarbeiter zu, beendete aber trotzdem 2007 nach 85 Jahren die AEG-Produktion in Nürnberg, obwohl sie profitabel war. Ein Schock, ein Skandal – und doch sollten in den endlosen Werkshallen zwischen Fürther und Muggenhofer Straße nicht für immer die Lichter ausgehen.

Die in Berlin ansässige Investitionsgesellschaft MIB hat die Industriehallen gekauft und vermarktet sie seit 2008 offensiv. »Auf AEG« heißt das Motto. Und die roten, dicken Großbuchstaben sind sehr präsent, als würden sie den alten Werbeslogan »Aus Erfahrung gut« beschwören wollen.

Über 60 Kreative sind eingezogen. Sie malen, zeichnen, fotografieren, entwerfen, flankiert von Schuh- und Golfladen, Japan-Restaurant und diversen Mittelständlern. Selbst Siemens und die Universität sind da, um neue Erfolgsgeschichten zu schreiben. Und der Verein Zentrifuge sorgt für Impulse, Veranstaltungen und Vernetzungen, während es Stefanie Dunker mit ihrem kleinen Kulturbüro geschafft hat, die Idee von einer großen »Kulturwerkstatt auf AEG« durchzusetzen, womit der elfte Kulturladen in der Stadt gesichert ist.

Der Wandel auf dem AEG-Areal hat zudem Konzepte für die ganze Weststadt gebracht. Mit mehr Grün und neuen Wegen rüber zum Quelle-Gelände und runter zur Pegnitz. Im Café Pforte wird viel diskutiert und gefeiert, während im Hof der »Hockende« von Bildhauer Christian Rösner, der in der Ex-AEG-Kundendiensthalle werkelt, für Betonkunst mit Symbolkraft sorgt. Seht her: Auf AEG wird weitergekämpft und nach Sternen gegriffen! Und irgendwann wird eine Tafel an den 46-Tage-Streik und den heilsamen Schock erinnern. Muss ja nicht neben dem Electrolux-Showroom sein.

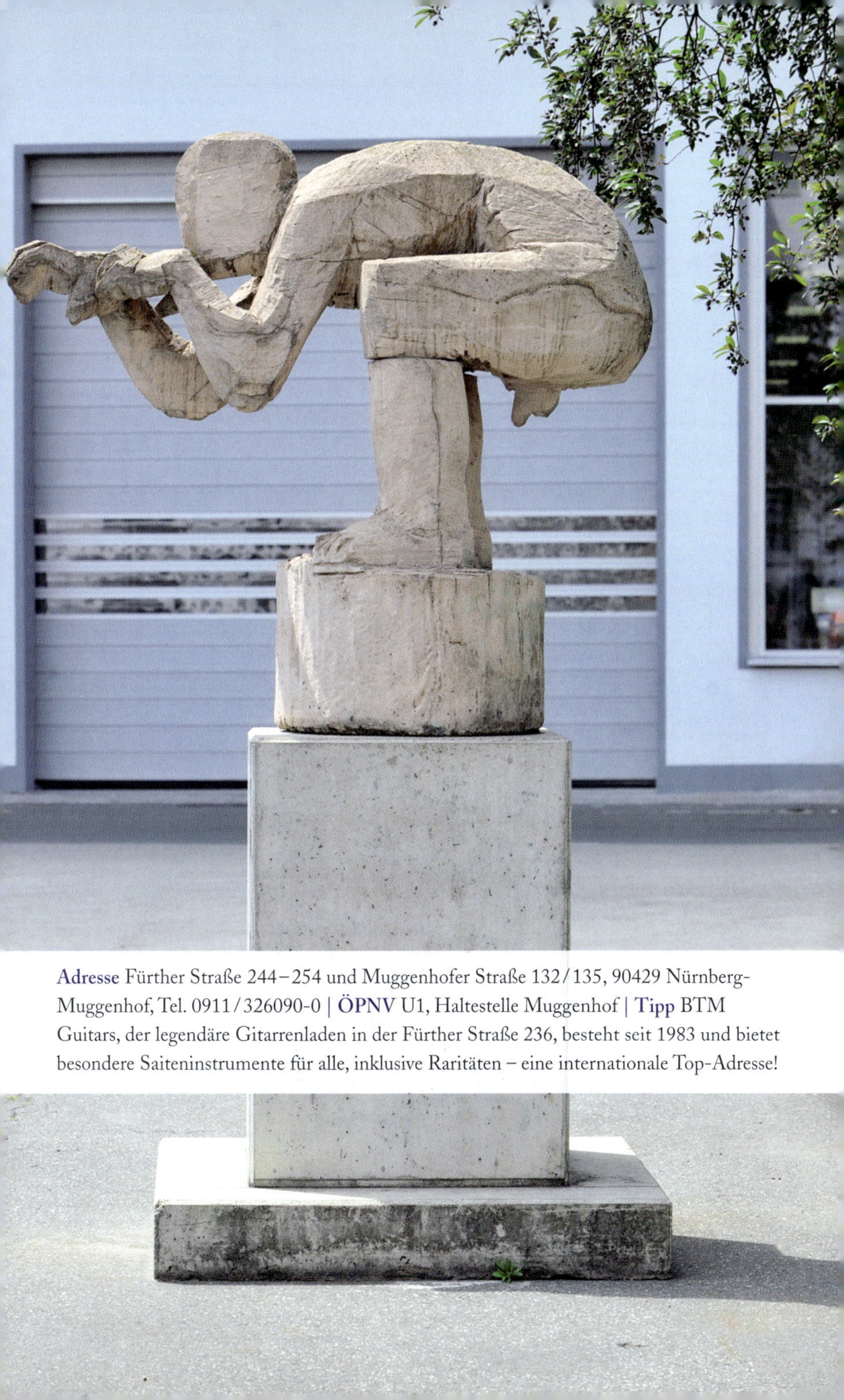

Adresse Fürther Straße 244–254 und Muggenhofer Straße 132/135, 90429 Nürnberg-Muggenhof, Tel. 0911/326090-0 | **ÖPNV** U1, Haltestelle Muggenhof | **Tipp** BTM Guitars, der legendäre Gitarrenladen in der Fürther Straße 236, besteht seit 1983 und bietet besondere Saiteninstrumente für alle, inklusive Raritäten – eine internationale Top-Adresse!

7 Auf Prechtls Spuren

Der Altmeister zeigt, wie's geht

Er war Nürnbergs bedeutendster Maler im 20. Jahrhundert: Michael Mathias Prechtl. 1926 im oberpfälzischen Amberg geboren, kam der freischaffende Künstler 1954 nach Nürnberg, wo er bis zu seinem Tod 2003 lebte. Besonders als witzig-satirischer Buchillustrator von Werken wie Voltaires »Candide«, Dantes »Göttlicher Komödie« oder Goethes »Reineke Fuchs« machte er sich einen Namen, daneben mit Plakaten wie zur Oktoberfest-Ausstellung im Münchner Stadtmuseum (»175 Jahre Bayerischer National-Rausch«) oder zu König Ludwig II., den er mit Strumpfbändern und Seidenhöschen zeichnete. »Altmeisterlich«, nannten Kritiker seine Werke gern, und neben dem feinen Spott schwang da auch eine Menge Respekt für das handwerkliche Können mit.

Ende der 1980er Jahre hatte es die Stadt Nürnberg in der Hand, Prechtl ein Denkmal zu setzen. Der Künstler, 1974 noch mit dem Kulturpreis der Stadt Nürnberg geehrt, wurde mit der Ausmalung des Historischen Rathaussaals beauftragt. Nach den ersten Vorarbeiten wurde der Auftrag jedoch storniert. Zu frech, zu naturalistisch, vor allem aber zu wiedererkennbar erschien den Stadtoberen die Ausführung. Prechtl wandte sich gekränkt ab und war von da an in der nationalen Kunstszene stärker präsent als in der örtlichen. Auf Titelbildern von Spiegel oder ZEITmagazin sah man ihn öfter als bei Empfängen in der Stadt.

Selbst das Ende wurde von einem sanften Eklat begleitet: Während das Deutsche Historische Museum in Berlin unter dem Titel »Prechtls Welttheater« eine große Einzelausstellung präsentierte, fand sich in seiner Heimat erst nach langem Hin und Her eine halbwegs adäquate Bühne mit dem Kunsthaus. Dennoch ist der Maler in der Stadt weiter präsent. Das gilt für seinen Gockelreiterbrunnen vor dem Spielzeugmuseum. Das gilt aber vor allem für die Galerie Jakobsa am Weinmarkt, die viel aus Prechtls umfangreichem Werk vorrätig hat: Plakate, Grafik oder auch Keramik.

Adresse Gockelreiterbrunnen vor dem Spielzeugmuseum, Karlstraße 13–15, 90403 Nürnberg-Altstadt; Galerie Jakobsa, Weinmarkt 2, 90403 Nürnberg-Altstadt | **ÖPNV** Bus 36 und 94, Haltestelle Hauptmarkt | **Öffnungszeiten** Mo–Fr 10–13 Uhr, 14–18 Uhr, Sa 11–14 Uhr | **Tipp** Prechtl-Motive muss man sehen. Erst dann entdeckt man ihren Reiz, ihren Reichtum. Am besten ein Buch mit Illustrationen von ihm kaufen.

8 Die Baugrube Deutsches Stadion

Ein See voll Gift, Müll und Größenwahn

Der Ort hat Symbolcharakter: eine Baugrube, gefüllt mit Regen- und Grundwasser, schön anzuschauen, aber hochgiftig. In der Tiefe eine Sondermülldeponie, vom Wasser freundlich kaschiert. Strengstes Badeverbot. Die unmissverständliche Warnung: Lebensgefahr! Und irgendwo im Gras dann, als sei es eine Fußnote der Geschichte, das Schild: Hier sollte das Deutsche Stadion entstehen.

Wer das liest, befindet sich am Silbersee im Südosten der Stadt. Hat den Dutzendteich hinter sich gelassen und sieht sich von einer gepflegten Parklandschaft umgeben. Jogger, Nordic Walker, Spaziergänger, ein paar versprengte Radler. Und mittendrin verseuchtes Gelände: Schwefelwasserstoff, Abfall, nationalsozialistisches Gedankengut, symbiotisch miteinander verbunden. In der Versenkung verschwunden, noch ehe es entstanden ist.

So sah der absolut größenwahnsinnige Plan aus: Nicht weit vom Zeppelinfeld entfernt sollte eine weitere NS-Bühne entstehen, diesmal für den Sport. Albert Speer, Hitlers Mann fürs Großspurige, Megalomane, hatte die Planung, und es sollte schlicht das größte Stadion der Welt werden. Für über 400.000 Zuschauer, 800 Meter lang, 450 Meter breit und über 100 Meter hoch. Nach den Olympischen Spielen 1936 in Berlin, so Hitlers Absicht, würden alle weiteren Spiele in diesem Stadion stattfinden. Die Völker der Welt, nach einem weltweiten Krieg dem Willen der Nationalsozialisten unterworfen, sollten gezwungen werden, ihre Athleten nach Nürnberg zu schicken. Sogar die Ausmaße der Fußballfelder sollten neu festgelegt werden. Das Stadion sollte Ausdruck einer neuen Zeitrechnung sein.

Die Grundsteinlegung 1937 fand noch statt, alles andere ist Makulatur. Zwischen 1937 und 1939 wurde im Hirschbachtal in der Oberpfalz ein Teilmodell mit drei Tribünenterrassen errichtet. Eine Art Welt-Stadion light. Es verschandelt die Landschaft noch heute.

Adresse Große Straße, 90471 Nürnberg-Langwasser | **ÖPNV** Straßenbahn 5, Haltestelle Doku-Zentrum Reichsparteitagsgelände | **Tipp** Eine Runde um den Dutzendteich drehen und in der Gaststätte »Bahnhof Dutzendteich« einkehren, das macht den absurden Orts-termin halbwegs genießbar.

9 Die Bistrothek Glück

Nie mehr Stechuhr am Roten Platz

Gastronomisch kann man vielerorts glücklich werden. Gourmets im zweisternigen »Essigbrätlein« in der Altstadt oder im »Schwarzen Adler« von Kraftshof, im Boxdorfer »Schindlerhof«, im »Bammes« in Buch oder im »La Locanda« in Gostenhof – um mal fünf zu nennen, die alle Hochwertiges auf den Teller bringen. Und wer auf was Rundes steht, findet die Pizza-Glückseligkeit bei »La Commedia« im Bleiweißviertel oder in der »Osteria« in Maxfeld. Trotzdem gibt es einen Ort, wo mit den Gaumenfreuden wortwörtlich das Glück winkt, wie explizit der kleine, feine Geheimtipp heißt, der sich tiefstaplerisch Bistrothek nennt und am Roten Platz liegt.

Wer jetzt an Moskau und den Kreml denkt, hat den falschen Paternoster erwischt. Der Rote Platz von Nürnberg ist kleiner als ein Tennisplatz und bildet den Vorgarten des Nürbanums, einem Gewerbekomplex, in dem früher Philips ansässig war. Inzwischen bilden Kreative, Kleinunternehmer, Handwerker, Ärzte und diverse Händler einen interessanten Branchenmix. Und da die Arbeitenden, die hier ihr neues Glück suchen, etwas zu futtern brauchen, war die Zeit reif für ein Zwischending aus Kantine und Restaurant – die Gastro-Quereinsteigerin Ulla Compensis kam also im Mai 2009 wie gerufen mit ihrer Idee vom Glück.

Herausgekommen ist ein weißer hoher Raum mit fünf, sechs Tischen für maximal 30 Leute. Kulinarisch gibt es täglich wechselnde Spezialgerichte und schöne Standards. Lecker und zum fairen Preis speisen, umgeben von weißen Glück-Tüten, Kino-Glück-Plakat und glücklichen Pastellfarben, das kann man drinnen und auch draußen, wenn's wärmer wird.

Das passt, hat Stil und auffallend viele Stammkunden, die sich nicht stressen lassen. Nie mehr Stechuhr, denn geniale Ideen müssen reifen. Das ist die frohe Botschaft im ziegelroten Gebäude, wo nebenan die Blumenwerkstatt satte Blüten beisteuert. Kurzum: ein Glücksfall, den man auch für Feiern mieten kann.

Adresse Allersberger Straße 185, Nürnberg-Südstadt, Tel. 0911 / 1303997, www.glueck.compensis.de, großer Parkplatz nebenan | **ÖPNV** Straßenbahn 8, Haltestelle Tristanstraße, oder Bus 65, Haltestelle Hiroshimaplatz | **Öffnungszeiten** Di–Fr 10–18 Uhr | **Tipp** Das »Blaue Haus« um die Ecke im Nürbanum ist die große Kneipenalternative mit tierischem Fassadenbild und sieben Tage die Woche mindestens bis Mitternacht geöffnet.

10__Blaue Reiter
Zankapfel mit besonderem Format

An moderner Kunst darf man sich reiben. Aber dass Leute zur Säge greifen und mit dem Vorschlaghammer zuschlagen, das hatte der Essener Bildhauer Johannes Brus nicht gedacht, als im April 1993 sein Reiterstandbild mit vier Säulen neben der neuen Studentenmensa unweit der Insel Schütt aufgestellt wurde. Nach einem Monat fehlte vom vorderen der zwei stechend blauen Reiter der Kopf. Mehrfach attackierten später Kunstfeinde die Skulptur. Die Schäden wurden stets beseitigt, allerdings verstärkte man die Hälse. Man weiß ja nie.

Auf alle Fälle lässt sich sagen, dass dieses Kunstwerk auf eine besondere Art kommunikativ ist. Das hat viel mit Farben, Formen und Dimensionen zu tun. Durchgehend im aufreizenden Yves-Klein-Blau gestrichen, sitzen zwei puppenhafte Reiter mit Stummelarmen auf einem brav stehenden Pferd, das eher einem Shetlandpony ähnelt.

Das Besondere: Im Gegensatz zu sonstigen Reiterdenkmälern – siehe Wilhelm I. um die Ecke am Egidienplatz – fehlt jede Überhöhung. Den gerade wadenhohen Betonsockel kann man vergessen. Und die Reiter werden am Rand von vier mächtigen, rostigen Säulen überragt, wobei Ziffern an deren schnöde Vergangenheit in einem Gusswerk erinnern. Skurril ist der graue, hufeisenförmige Aufbau an den Säulen. Sie wirken einerseits wie abstrakte Wachposten mit Betonkopf-Appeal, andererseits denkt man an riesige, umgedrehte Pferdebeine. Vielleicht gar ein Seitenhieb auf die Blaue-Reiter-Kunstepoche?

Je nach Sonnenstand wirft die Skulptur jedenfalls witzige Schatten, was quasi automatisch die Phantasie zum Galoppieren bringt. Und Kinder reiben sich auch gern an den Blauen Reitern. Kleine wollen als Dritter im Bunde auf dem Pferd sitzen, während Jugendliche die Sockelkanten zum Skaten nutzen. Ausländische Touristen lassen sich sehr gern davor fotografieren. Ein Hoch auf diesen Zankapfel mit dem besonderen Format!

Adresse Andreij-Sacharow-Platz, 90403 Nürnberg-Altstadt | ÖPNV Bus 36, Haltestelle Innerer Laufer Platz | Tipp Das ehemalige Herrenschießhaus nebenan in der Unteren Talgasse 8 ist ein dreigeschossiger Prachtbau aus der Renaissance, in dem das städtische Bildungszentrum stattliche Räume hat – mit Resten des einstigen Schießgrabens.

11_ Die Bratwurstküchen

Wo die echten »Närmbercher« brutzeln

Wer die typischen Nürnberger Rostbratwürste essen will, geht ins »Bratwursthäusle«, gleich neben der Sebalduskirche. Oder ins »Bratwurstherzle«. Ins »Bratwurstglöckle«. Ins »Bratwurströsle«. In den »Güldenen Stern« oder ins »Goldene Posthorn«. Oder in eins der unzähligen anderen Bratwurstlokale. Idealerweise bekommt er die Bratwürste (vulgo: Wöschdla) auf einem Zinnteller serviert, fingerlang (besser: fingerkurz), auf dem offenen Buchenholzrost zubereitet, sechs bis zwölf Stück, dazu Kartoffelsalat oder Fasssauerkraut sowie einen mittelscharfen Senf oder Kren, den fränkischen Meerrettich. Eine Breze, möglichst frisch aus dem Ofen, darf nicht fehlen, ein kühles Helles ebenso wenig. Wohl bekomm's!

Die Bratwurst hat Tradition in Nürnberg. Seit etwa 1650 lässt sich ihre Existenz in Franken nachweisen. Der Kenner freilich unterscheidet die fränkische Bratwurst, dick, groß und grob, von der Nürnberger Bratwurst, schmal, fein und zierlich. In der Stadt konnte die Gehäckfüllung einfacher hergestellt werden. Und das hieß: streng geregelt nach der Bratwurstverordnung, fein gewürzt, in kleine Darmhüllen abgefüllt. Das, so sagen Kenner, steigert die Qualität. Anders ausgedrückt: An seiner Kleinheit erkennt man die Größe des Würstchens.

Es ist omnipräsent in der Stadt. Nicht nur in den erwähnten Bratwurstküchen bekommt man es, sondern auch in jedem Imbiss und beim Straßenverkauf der Metzgereien, im Stadion beim Club ebenso wie auf jeder Stadtteil-Kirchweih. Seit Kurzem sogar – für unerschrockene Gemüter – bei McDonalds. Zur Einführung war es Uli Hoeneß persönlich, der sie ins Weckla klemmte. (Hoeneß, nicht nur die Fußballfreunde wissen es, ist Besitzer einer Bratwurstfabrik in Nürnberg.) Das originellste Würstchen freilich bekommt man am Cabo Sao Vicente in Portugal. Hier, am äußersten Zipfel Europas, hoch über dem Atlantik, wirbt ein Franke mit dem Hinweis: Letzter Bratwurststand vor Amerika.

Adresse zum Beispiel Bratwursthäusle bei St. Sebald, Rathausplatz 1, 90403 Nürnberg-Altstadt, Tel. 0911/227695 | **ÖPNV** Bus 36, 94, Haltestelle Rathaus | **Öffnungszeiten** Mo–Sa 10–22 Uhr | **Tipp** Der Blick aufs Wolff'sche Rathaus gleich gegenüber, einer von Nürnbergs Renaissancebauten, lohnt sich.

12 Die Brezenhaus-Galerie

Sanfte Laugengebäck-Revolution

Eigentlich war es eine Revolution, die 1988 kurz vor der Schnittstelle von König- und Karolinenstraße geschah. Im Mittelpunkt stand
eine Nürnberger Spezialität: die Laugenbreze, genauer gesagt die
»Kolb's«, die als beste ihrer Art gilt. Lange Jahre wurde das Produkt
der Traditionsfirma aus Gostenhof in hölzernen Buden oder an wack-
ligen Ständen verkauft. Eng und kalt war es, entsprechend verschnupft
schauten die Verkäufer oft aus. Doch so wollte Heidi Schmidt-Salim nicht enden, als sie 1988 die Innenstadt-Bude von ihrer Tante
übernahm.

Sie nähte Vorhänge für die Minifenster, kaufte Fächerpalmen als
Dekoration und beschloss, in zweierlei Hinsicht neue Wege zu gehen.
Zum einen präsentierte sie an den Wänden ein paar Bilder von be-
freundeten Künstlern, zum anderen gab es neben Breze pur mit gro-
bem, feinem oder ohne Salz eine ständig breiter werdende Palette: mit
Butter, Emmentaler, Camembert, Frischkäse, Obatzdn, Schinken,
Gelb- und Leberwurst oder Schnittlauch. Dieser Ansatz sorgte für
eine wunderbare Veredelung des Salzgebäcks, die Schule machen sollte – nicht nur bei den anderen Brezenständen in der Fußgängerzone.

Aber auch architektonisch hat die sanfte Laugengebäck-Revo-
lution nach einigem Hin und Her zwischen Stadtverwaltung, Firma
Kolb und Heidi Schmidt-Salim zu einer wegweisenden Neuerung
geführt. Mit Unterstützung des damaligen Baureferenten Walter
Anderle durfte die Brezenhaus-Galerie 1995 in ein graues, acht-
eckiges Häuschen mit großen Fenstern, grünen Streifen und brauner
Brezendeko ziehen – plus Wasseranschluss, Strom und Kühlschrank.
Ein Palast im Vergleich zu früher!

Längst gilt das schicke Domizil im Schatten der Lorenzkirche
als Kolb-Flaggschiff, in dem ausgesprochen freundliche Verkäufe-
rinnen viel gute Laune versprühen. Da nimmt man die Wartezeit für
die kunstvollen Brezen gern in Kauf – mit Blick auf bildende Kunst,
die übrigens unverkäuflich ist.

Adresse Karolinenstraße 1a, 90402 Nürnberg-Altstadt, Tel. 0911/223614, www.brezen-kolb.de | **ÖPNV** U1, Haltestelle Lorenzkirche | **Öffnungszeiten** Mo–Sa 9–circa 18 Uhr (so lange der Vorrat reicht!) | **Tipp** Das sehr lesenswerte Sozialmagazin »Straßenkreuzer« kann man bei Verkäufern erwerben, die zum Beispiel nebenan vor dem Karstadt-Kaufhaus und vor dem Drogeriemarkt Müller sitzen.

13 Die Bundesagentur für Arbeit

Kühle Betonklötze mit Ausrufezeichen

Einmal im Monat taucht Nürnberg so sicher wie das Amen im Vaterunser in den Medien auf. Wenn die Arbeitsmarktzahlen verkündet werden, sieht man im Hintergrund die ineinander verschachtelten Riesenklötze, an deren Fassade sich finstere Fensterfronten mit grauen Betonbändern abwechseln. Eine kalte Kulisse, zum Glück hat der Platz davor dank vieler Dreiecke und Rauten etwas Spielerisches. Und nachts wird er noch schöner, wenn der »Wasserwald« mit 24 Leuchtsäulen und vielen Kugellampen den trutzigen Zweckbau überstrahlt.

1972 ist der Koloss bezogen worden, der ein Fremdkörper im Stadtbild geblieben ist. Hohe Arbeitslosenquoten und Krisenberichte führten zu Negativschlagzeilen, die Nürnberg den Ruf der deutschen Arbeitslosenhauptstadt einbrachten. Zudem klang Anstalt nach Säuberung und Besserung. Wer wollte darauf wirklich stolz sein?

Im Gedächtnis sind auch ein paar Präsidenten geblieben, wie der väterliche Josef Stingl, der von 1968 bis 1984 die neue BA-Zentrale aufbaute. Ihm folgte der kühl-souveräne Niedersachse Heinrich Franke, den 1993 Bernhard Jagoda ablöste, der 2002 wegen frisierter Statistiken gehen musste. »Ich bin bei der Firma Stingl« oder »Ich schufte für Jagoda« hießen gängige Sprüche von Arbeitslosen, als sie noch keine Angst vor dem Hartz IV-Absturz haben mussten.

Vor zehn Jahren kam mit den neuen Strukturen die Umbenennung von Anstalt in Agentur. Statt eines Präsidenten geben nun der dreiköpfige Vorstand und ein siebenköpfiger Verwaltungsrat den Ton an. Die Kritik am »Wasserkopf Arbeitsagentur« ist leiser geworden, weil die Quoten besser sind. »Normalbürger« kommen aber weiter höchstens rein, wenn sie die BA-Bibliothek besuchen wollen. Dafür zieht eine 18 Meter hohe Skulptur am Rand des Parkplatzes seit 1990 öfter Kunstfreunde an: Der Riesen-Nagel stammt von Günther Uecker und setzt ein schräges Ausrufezeichen.

Adresse Regensburger Straße 104, 90478 Nürnberg-St. Peter, Tel. 0911/179-0, www.arbeitsagentur.de | **ÖPNV** Straßenbahn 6, Haltestelle Scharrer- oder Immelmann-straße | **Öffnungszeiten** Bibliothek Mo–Fr 7.30–15.30 Uhr | **Tipp** Die Erziehungswissenschaftliche Fakultät der Universität Erlangen-Nürnberg liegt keine 300 Meter weiter an der Regensburger Straße 160 und bietet regelmäßig interessante Kulturveranstaltungen nicht nur für Studenten.

14 Das Bürgermeistersgärtla

Zum Denken ins Grüne

Gab es unter den Nürnberger Bürgermeistern und Oberbürgermeistern Peripatetiker? Das, man erinnert sich, waren Menschen im alten Griechenland, für die Denken und Gehen eins waren. Hatten sie ein Problem, dann gingen sie ins Freie und versuchten, es in der Bewegung, durch die Bewegung zu lösen. Instinktiv (und vorwissenschaftlich) glaubten sie an einen Zusammenhang, der inzwischen jedem Jogger und jedem Nordic Walker klar ist.

Da ein Stadtoberhaupt jedoch Privilegien genießt, wurde für es ein Bürgermeistergarten geschaffen. Viele Städte taten das. Da konnte das Stadtoberhaupt dann über Haushaltslöcher nachdenken oder warum die Opposition wieder so gemein zu ihm war. Ungestört war er, der Bürgermeister, in einer grünen Umgebung, und irgendwie dienstlich war der Spaziergang auch. Vor allem aber waren keine dauerredenden Referenten dabei, die den OB wieder mal ganz für sich allein haben wollten. Das klassische peripatetische Modell also.

Längst ist der ehedem exklusive Ort für die Allgemeinheit zugänglich, die feudalen Zeiten sind vorbei, das egalitäre Zeitalter hat vor langer Zeit begonnen. Heißt: Im Bürgermeistersgärtla trifft man mittlerweile jeden und jede, nur den OB nicht. Auch den Stellvertreter nicht. Schade eigentlich, denn wo ließe sich eine Bürgersprechstunde besser abhalten als unter Bäumen und Büschen? Bei Vogelgezwitscher und Bienengesumm?

Ins Nürnberger Bürgermeistersgärtla schlüpft man am besten am Neutor. Dann ist man in einem schmalen, an der Stadtmauer sich hinziehenden Park mit sehr alten, verwunschenen Bäumen und Putten, die alle an irgendwelche Ratsherren erinnern und die unglaublichsten Geschichten zu erzählen wissen. Dass sie es schweigend tun, ist ihr Vorzug.

Ein weiterer Pluspunkt dieses Gärtchens ist, dass Hunde keinen Zutritt haben. Man sollte es noch erweitern auf Handyträger und Smartphone-Aktivisten.

Adresse Zugang am Neutor, 90403 Nürnberg-Altstadt | **ÖPNV** Straßenbahn 4 und 6, Haltestelle Obere Turmstraße | **Öffnungszeiten** April–Okt. täglich 8–20 Uhr | **Tipp** Auf keinen Fall versäumen sollte man den kurzen Abstecher in den Wehrgang in der Stadtmauer, von wo man einen tollen Blick auf die Burg hat.

15__ Der Business Tower

Moderne Festung mit Riesenausguck

Rund und glitzernd steht er da, der Business Tower. Stolze 135 Meter ragt er empor, mit Antenne sind es sogar 163 Meter. Damit ist er hinter dem 292 Meter hohen Fernsehturm das zweithöchste Bauwerk in Nürnberg. Bayernweit war der silberne Zylinder sogar das höchste Bürogebäude, als ihn die Nürnberger Versicherungsgruppe im Herbst 2000 eröffnete. Vier Jahre später zog das Münchener Uptown-Hochhaus mit 146 Metern vorbei. Das ist halt das Schicksal von Wolkenkratzern – ein anderes potenzielles Phallussymbol will irgendwann ein Stück höher hinaus.

»Schutz und Sicherheit im Zeichen der Burg« lautet seit 1959 der Slogan, den die Fernsehreklame in alle deutschen Wohnzimmer trug. Der Wechsel von der alten Firmenzentrale am Rathenauplatz zur Ostendstraße war ein gewaltiger Schritt in der Geschichte der »Nürnberger«, die 1884 begann und im Erdgeschoss des Business Towers plakativ vorgestellt wird.

34 Stockwerke hat der Turm aus Glas, Stahl und Beton. 737 Treppenstufen müsste man zu Fuß bewältigen, falls die sechs Turbo-Aufzüge ausfallen sollten, die 4,20 Meter pro Sekunde schaffen. 50.000 Tonnen Gewicht hat der Koloss, der 204 Millionen Euro gekostet hat. Er ruht auf 52 Bohrpfählen mit 1,30 Metern Durchmesser und ist von einem quadratischen Büro-Riegel umgeben.

Das Ganze ähnelt einer modernen Festung mit Riesenausguck. In der Mitte gibt es eine grüne, kantige Wasserlandschaft, die aber nur die Beschäftigten genießen dürfen. 2.800 der 3.000 Leute, die hier arbeiten, sind bei der Nürnberger Versicherung tätig. Hoch zur Besucherplattform in 128 Metern Höhe kommen Normalsterbliche nur am Tag der offenen Tür, es sei denn, man hat einen geschäftlichen Termin. Ohne einen solchen steht man ehrfurchtsvoll vor dem Turm und beobachtet, wie das runde Zeichen mit der Burg sich langsam dreht – wie das Pendant zum Daimler-Stern, der zwei Kilometer stadteinwärts neben dem Wöhrder See rotiert.

Adresse Ostendstraße 100, 90334 Nürnberg-Mögeldorf, Tel. 0911/531-0, www.nuernberger.de | **ÖPNV** S1, Haltestelle Ostring; Straßenbahn 5, Bus 43, Haltestelle Business Tower | **Öffnungszeiten** Mo–Fr 6–20 Uhr, Sa 6–14 Uhr | **Tipp** Das Plärrer-Hochhaus der N-Ergie, 1953 gebaut, 56 Meter hoch, bietet auch einen tollen Panoramablick – der Fernsehturm in Schweinau ist leider seit über 20 Jahren für die Öffentlichkeit geschlossen.

16 Das Café Wanner

Beliebter Biergarten mit Blick auf den Dutzendteich

Es ist einer der angenehmsten Orte in Nürnberg: das »Café Wanner«, jetzt »Gutmann«, seit die Brauerei 2007 das Lokal übernommen hat. Da sitzt man im Garten an langen Biertischen und blickt auf den Dutzendteich. Auf der Uferpromenade Müßiggänger, Nürnberg-Besucher mit ihrem Kunst-Dumont in der Hand, Spaziergänger, Rentner, Jogger, Rudercracks auf dem Weg zu ihrem Verein gleich nebenan. Ein paar Boote hier und da, Enten, Schwäne, ein leichter Wind. See-Idylle. Nicht einmal Speers unsinnige Kongresshalle am anderen Ufer kann stören. Hier hat Nürnbergs berühmtester Poet, Hermann Kesten, seinen Roman »Josef sucht die Freiheit« geschrieben. In einem wahren Schaffensrausch, in wenigen Wochen. Kesten schrieb gern im Café, er brauchte das Anregende, die Lebendigkeit, das Wuselige.

Das Café Wanner hat eine wechselvolle Geschichte. Nachdem im 19. Jahrhundert der Dutzendteich immer mehr zu einem beliebten Naherholungsgebiet wurde, entstand 1899 das erste Parkrestaurant, Vorgänger des späteren Café Wanner. Nicht weit davon entfernt befand sich eine Badeanstalt. Sie musste weichen, als die Nationalsozialisten das Kommando in der Stadt übernahmen. Tiergarten und Leuchtturm wurden gleich mit plattgemacht. Das Park-Café Wanner wurde im Zweiten Weltkrieg zerstört. Nach 1945 ließ die Stadt das Naherholungsgebiet wiederherstellen, »damit die lieben Nürnberger wissen, wann ein Sonntag ist«, wie der Journalist Peter Luginsland einmal geschrieben hatte. Und weiter: »Ein Nürnberger, der an einem Sonntag nicht an den Ufern des Dutzendteichs weilt, weiß gar nicht, dass überhaupt Sonntag ist.«

Auf der einen Seite, der »halbherrschaftlichen«, saß das Volk bei Dünnbier und einer Brotzeit, die es von zu Hause mitgebracht hatte. Auf der anderen Seite, der Terrasse, saßen die Betuchten, tranken Eiskaffee und rauchten feine Zigarren. So streng waren damals die Bräuche. Und nun also der neue Pächter, der auch Kleinkunst und den beliebten Senioren-Tanztee anbietet. Er tritt ein großes Erbe an.

Adresse Volksbühne Wanner / Gutmann am Dutzendteich, Bayernstraße 150, 90478 Nürnberg-Dutzendteich | ÖPNV Bus 65, 92, Haltestelle Doku-Zentrum | Öffnungszeiten täglich ab 10 Uhr | Tipp Eine Bootspartie auf dem Dutzendteich ist sehr entspannend.

17 Das Casablanca

Wo Filmkunst und Fassaden blühen

Was für ein Haus, welch eine Fassade! Wer am Kopernikusplatz in die Brosamerstraße einbiegt, schaut mit offenem Mund auf das Gebäude mit der Hausnummer 12. Ein Wandbild der besonderen Art zieht seit Sommer 1985 die Blicke auf sich. Eine riesige Palme ist darauf zu sehen und jede Menge Menschen, Tiere, Kulissen und Sensationen. Das fängt gleich neben der Tür an, wo rechts außen Marilyn Monroe keck über die Schulter blinzelt, während sich linker Hand Rick und Ilsa tief in die Augen schauen. Dass »Casablanca« kunstvoll schnörkelig über dem Eingang geschrieben steht, ist kein Zufall – wobei es sich beim Namen um ein Kino handelt, das seit 1976 hier residiert.

Wenn man das lebendige Fassadenbild sieht, wirkt es heute noch wie ein kleines Wunder, dass es die Stadt damals genehmigt hat. So ungewöhnlich, bunt und witzig ist das Werk, das die Münchner Künstlerin Helma Lichtinger in zwei Monaten pinselte. Und nicht nur Leinwandhelden (darunter King Kong ganz oben!) sind zu entdecken, auch Bewohner ließen sich verewigen – darunter ist Posaunist Dieter Riedel, der die im Haus ansässige Créperie Yec'het mad führte und zudem bei der legendären NC Brown Bluesband ins lange Horn blies. Durch das Wandbild ist das anno 2001 viel zu früh verstorbene Unikum noch immer präsent. Seine Frau Anna Meyer führt die Créperie mit Galerie und starker Biokomponente stilecht weiter, wo der Künstler Dan Reeder nicht nur an der Eingangstür sehr präsent ist.

Kontinuität wird im gesamten Haus großgeschrieben. Und doch war das Casablanca-Kino 2009 so gut wie tot, bis eine anonyme Spende dem Casa-Verein auf den allerletzten Drücker ermöglichte, im Namen der Filmkunst das Lichtspielhaus zu einer neuen Blüte zu führen. Es schaut gut aus – auch beim Wandbild: Dessen Farben sind im Sommer 2011 aufgefrischt worden. Und in einer Szene taucht jetzt auch Anna Meyer auf.

Adresse Brosamerstraße 12, 90459 Nürnberg-Südstadt, Kontakt zum Casa e.V. unter Tel. 0911/2179246 | **ÖPNV** U1, Haltestelle Aufseßplatz | **Tipp** Das »Südlich« – ein Restaurant in der Nähe an der Ecke Humboldt-/Tafelfeldstraße, wo man bei mediterranen Speisen und feinen Weinen erleben kann, wie fein es im Nürnberger Süden schmeckt.

18 Das Cinecittà

Kinodampfer mit Kaiserburgblick

Es war ein schier unglaublicher Anblick, als 1995 in der Oktobernacht vor der offiziellen Eröffnung alle Lampen im Cinecittà brannten und sich im Pegnitzwasser spiegelten. Man sah einen Dampfer, der so irreal wirkte, als ob ihn der verrückte Fitzcarraldo über sieben Brücken und die Alpen hergeschafft hätte. Die Film-Assoziation passte wie die Faust aufs Auge zur Kinostadt am Fluss, die eine Meisterleistung von Bauherrn Wolfram Weber und Architekt Detlev Schneider ist und die eine Erfolgsgeschichte nach sich zog.

Die anfangs zehn Kinos mit 3.000 Plätzen liegen weitgehend unterirdisch und sind inzwischen auf 23 Säle angewachsen, inklusive dem 2001 eröffneten Imax-Tempel, zu dem es 35 Meter in die Tiefe geht. Der kommerziell nicht so erfolgreiche Nobelsaal mit der Kuppeleinwand läuft inzwischen unter dem Namen Cinemagnum. Das Cinecittà gilt derzeit mit rund 5.000 Sitzen und vielfältigen Gastro-Angeboten international als umsatzstärkstes Multiplexkino. Rund 1,6 Millionen Besucher pilgern pro Jahr hierher, wo es im verzweigten Haus jedes Wochenende mächtig brummt.

Trotz der Angebote aus der Traumfabrikwelt von Hollywood & Co. und trotz all der Live-Übertragungen aus Opernhäusern, Fußballstadien und Konzertsälen: Das i-Tüpfelchen beim Nürnberger Kinodampfer ist die Dachterrasse, deren Plätze an lauen Abenden heiß begehrt sind. Einen oscarverdächtigen Blick über die Altstadt und zur Kaiserburg gibt es ohne die Hilfe von Projektoren und digitalen Tricks.

Die Inspiration zu dieser Freiluftattraktion kam durch die Kulturinitiative AG Zwischennutz, die 1991 das Ex-Technikgebäude der Landesgewerbeanstalt bespielte, das danach zum Großteil abgerissen wurde. Auf dem »Cine«-Dach läuft im Sommer natürlich auch Open-Air-Kino, womit Wolfram Weber an sein Cinemobil anknüpft. Es stand lange im Sommer ratternd nebenan im sogenannten Wespennest – der Kultfilm hieß dort »Harold and Maude«.

Adresse Gewerbemuseumsplatz 3, 90403 Nürnberg-Altstadt, Tel 0911/20666-0 | **ÖPNV** U1, Haltestelle Lorenzkirche; U2, Haltestelle Wöhrder Wiese; Straßenbahn 8, Haltestelle Marientor; mehrere Parkhäuser gibt es direkt nebenan. | **Öffnungszeiten** So–Do 10–1 Uhr, Fr, Sa 10–2 Uhr | **Tipp** Das »O'Sheas Irish Pub« nebenan im Wespennest 6–8 ist ein uriger Kneipenkontrast zum modernen Kino-Glaspalast.

19 Das Cristallo

Heiße Eiskugeln mit viel Casino

Heidelbeere ist genial, Pistazie auch. Manche schwören absolut auf Sahnekirsch. Und für den Joghurtbecher könnten Leute sogar sterben, heißt es im Internet. Ganz so existenziell geht es beim Erwerb der heiß begehrten Kugeln in der Regel zwar nicht zu, aber zehn Minuten Anstehen kommt schon vor, wenn einen an einem warmen Sonntagnachmittag die Lust auf ein Cristallo-Eis packt.

Seit 1989 residiert Familie Giacin direkt im Eckhaus am Mögeldorfer Plärrer. Zuvor wurde in Maxfeld beim Stadtpark an der Bayreuther Straße Schlange gestanden. Den Umzug bedauern Nordstädter heute noch sehr und fahren deshalb oft die sechs, sieben Kilometer ostwärts. Wer als Kind mal bei Cristallo geschleckt hat, der weiß, wie italienisches Eis schmecken muss. Die Konkurrenz um die Nürnberger Speiseeiskrone ist überschaubar und relativ weit entfernt – »Rosselli« in Eibach und »Eddy« in Stein.

Was die originalen Könner von aufgemotzten Trendläden unterscheidet, sind Frische, Qualität und die Beschränkung auf die Stärken und das Wesentliche. Für was braucht jemand 70 Sorten mit hanebüchenen Geschmacksverirrungen aus der Disneywelt? 21 stehen bei Cristallo auf der Tafel, darunter sieben mit Früchten und saisonalen Schwerpunkten oder einem exotischen Farbtupfer wie Mango. Und 80 Cent pro Kugel sind im stadtweiten Vergleich echt günstig.

Ansonsten lohnt es sich auch, eine richtige Eispause einzulegen. Bei den Becherkreationen verausgabt sich Walter Giacin, der Chef in der zweiten Generation, in vielerlei Richtungen. Ob mehr mit Früchten, Sahne oder alkoholischen Geschmacksnoten: Schleckermäuler jeder Couleur werden fündig, wobei die Klassiker nicht zu kurz kommen. Das Spaghettieis ist ein Gedicht, was auch auf den Eiskaffee im hohen Glas zutrifft. Dabei vergisst man glatt den Verkehrslärm vor der Haustür, obwohl viel Casino im Sinne von Krach ja durchaus zu Italien gehört.

Adresse Ostendstraße 227, 90482 Nürnberg-Mögeldorf, Tel. 0911 / 542540, kleiner Parkplatz im Innenhof | **ÖPNV** S1, Straßenbahn 5, Bus 40, 45, 65, Haltestelle Mögeldorf | **Öffnungszeiten** täglich 11 – 22 Uhr | **Tipp** Die Satzinger Mühle, ein romantisches Ensemble mit Terrasse am Pegnitzarm, ist auch ein idealer Ort zum Eisschlecken. Und was die kürzlich gleich nebenan eröffnete Eisdiele »Compo Stella« angeht, gilt die alte Maxime: Konkurrenz belebt das Geschäft!

20__Das Kleine Radhaus

Rat, Luft und Liebestandems

In kräftigem Orange steht es vor der Eingangstür. Weiß taucht es im blauen Firmenschild auf – das Hochrad, das als Markenzeichen im »Kleinen Radhaus« fungiert. Seit 2006 residiert jenes an der Schnittstelle von Lindengasse und Großweidenmühlstraße, wo an schönen Tagen gut 4.500 Leute mit dem Drahtesel vorbeikommen. Für Nürnberger Verhältnisse eine Fahrradautobahn, weshalb die Anlaufstelle für Radfahrer an dieser markanten Stelle goldrichtig platziert wurde.

Ein schöner Gag ist dabei, dass in diesem Radhaus ein gewisser Frank Ober als Bürgermeister fungiert. Er gilt als Überzeugungstäter in Sachen unmotorisierte Fortbewegung. Etwa 500 Meter entfernt befindet sich seine Zentrale »Ride on a Rainbow«. In der Dependance ist Max Kirschnek quasi der gleichberechtigte Unter-Bürgermeister, der mit Rat und Tat bei Radproblemen hilft. Ein defekter Bremszug wird flugs ersetzt, eine klemmende Schaltung nachgestellt. Und bei Platten dürfen Betroffene selbst anpacken und gegen eine kleine Spende das hauseigene Werkzeug benutzen.

Draußen sind rund um die Uhr zwei Profilluftpumpen verankert. Und neben der Tür hängt ein Fahrradschlauch-Automat, der für sieben Euro Schläuche in gängigen Größen ausspuckt. Ungeachtet seiner bürgernahen Service-Station sendet »Das Kleine Radhaus« auch eine klare Botschaft aus: »Autofrei leben« heißt es in großen Lettern auf einem Transparent.

Damit das Radlerleben möglichst lustvoll und fröhlich verläuft, kann man nicht nur Klingeln in allen Farben und Variationen erstehen, sondern auch witzige Spezialräder ausleihen. Die Palette reicht vom Liebestandem über Rikschas und Liegeräder bis zum klassischen Rennrad. Das heimliche Radhaus-Lieblingskind sind aber die Tretroller, für die man alljährlich ein Rennen veranstaltet. Mit dem orangefarbenen Hochrad fährt jedoch nur Frank Ober – und das sogar beim Faschingsumzug.

Adresse Lindengasse 7, 90419 Nürnberg-Großweidenmühle, Tel. 0911/3008558 | **ÖPNV** Straßenbahn 6, Bus 34, Haltestelle Johannisfriedhof | **Öffnungszeiten** Di–Sa 10–19 Uhr | **Tipp** Kunst anschauen kann man gegenüber in der Galerie Röver oder im Zumikon-Haus. Und eine Kunst ist ebenfalls das Thai-Essen in der »Etage« in der Großweidenmühlstraße 9.

21 Die Delphin-Lagune

Unternehmen Luftsprung: Neue Attraktion im Tiergarten

Ganz gleich, ob man nun für oder gegen Delphine im Zoo ist: Einen Besuch im Tiergarten am Schmausenbuck sollte man sich nicht entgehen lassen. Nicht zu Unrecht gilt er als einer der schönsten Landschaftstiergärten Deutschlands. Und wer es nicht erträgt, Tümmler in der Lagune zu sehen, kann sich ja an den Giraffen und Elefanten erfreuen oder einfach Fritz besuchen. Fritz ist ein Gorilla und schon sehr, sehr alt. Sein Alter hat es mit sich gebracht, dass er Besuch sehr zu schätzen weiß. Auch wenn er es nicht immer so zeigen kann, als introvertierter Affe.

Um die Lagune freilich, am 28. September 2011 eröffnet (Gesamtkosten 24 Millionen), kam es zum Glaubenskrieg zwischen Delphin-Haltungs-Fundis und Delphin-Haltungs-Realos. Erstere fanden es prinzipiell unmöglich, Delphine in einem Außenbecken zu halten. Es beeindruckte sie auch nur wenig, dass dafür ein Gesamtgelände von immerhin 23.000 Quadratmetern zur Verfügung stand, die Tiere so erstmals natürliche Phänomene wie Regen erleben konnten und dass es zudem endlich genug Platz für das Training gab, das den Delphinen Spaß zu machen schien. So sehr, dass Moby, mit seinen über 50 Jahren der Senior, Sunny, Jenny und Noah schier endlos ihre Bahnen zogen und mit großem Vergnügen ihre Luftsprünge vollführten.

Der stereotype Vorwurf der Kritiker: Bei der Lagune, der einzigen ihrer Art in Europa, handle es sich um eine nicht artgerechte Haltung. »Es ist und bleibt ein Verbrechen, diese intelligenten, bewegungsintensiven Tiere in solchen lächerlichen Betonbecken zu halten«, schrieb ein Tierschützer stellvertretend für viele.

Beide Gruppen, das wurde schnell klar, standen einander in erbitterter Gegnerschaft gegenüber, die gelegentlich etwas Talibanhaftes hatte. Die Tiergartenleitung versuchte zu vermitteln: umsonst. Derweil erfreuen sich die Besucher an der neuen Attraktion. Mehr als 1,2 Millionen Tierfreunde besuchten den Tiergarten zuletzt, Tendenz steigend.

Adresse Tiergarten Nürnberg, Am Tiergarten 30, 90480 Nürnberg-Zabo | **ÖPNV**
Straßenbahn 5, Bus 65, Haltestelle Tiergarten | **Öffnungszeiten** täglich 9–17 Uhr |
Tipp Ein Rundgang durch den Tiergarten bietet sich an. Außerdem der Besuch der
Akademie der Bildenden Künste in der Bingstraße, gleich nebenan.

22 Die Deutsche Fußballakademie

Für Herz und Hirn: Fußball als Gesamtkunstwerk

Natürlich gehen auch Intellektuelle ins Stadion und entdecken da manchmal ganz neue Seiten an sich. Erlebe jemanden am Steuer seines Autos oder gehe mit ihm ins Fußballstadion, und du wirst ein neues Bild von ihm bekommen, heißt es. Beim Intellektuellen, das ist der Reiz dabei, unterscheiden sich beide Bilder gelegentlich besonders krass. Was diesem natürlich nicht verborgen bleibt und zu verschärfter Selbstanalyse und -beobachtung anstachelt.

Zusammenhänge, wie sie in der Arbeit der Deutschen Fußball-Akademie immer wieder auftauchen. Mindestens so schön wie das Spiel selbst, so die Maxime, ist das Gespräch darüber, die Reflexion und Einordnung in den kulturellen Kontext. Erst alles zusammen ergibt den wahren Genuss. Fußball als ästhetische Herausforderung, als intellektuelles Spiel. Die Eleganz, mit der ein Beckenbauer, ein Zidane, ein Iniesta oder Özil den Ball führen, in der Sprache nachsimulieren. Walser würde sagen, Fußball so schön erzählen, wie er in Wirklichkeit nicht ist.

Die Deutsche Akademie für Fußballkultur, wie sie sich in voller Schönheit nennt, kennt solche Überlegungen. Nicht nur, dass sie Fußball-Philosophen wie César Luis Menotti, den früheren Trainer der argentinischen Nationalmannschaft, mit einem Preis auszeichnet, sie bietet auch ein hochkarätiges Vortrags-, Ausstellungs- und Debattenprogramm.

Kaum einer der renommierten Autoren in Sachen Fußball, von Friedrich Christian (FC) Delius über Jürgen Leinemann und Birgit Schönau bis zu Albert Ostermaier, der noch nicht in Nürnberg war. Die Spieler ebenso, zuletzt Uwe Seeler.

Die Wahrheit ist auf dem Platz, schon klar, Herr Rehhagel, aber ebenso ist sie in Hirn und Herz. Die Akademie hat es verstanden, und wir lassen es uns gern von ihr sagen. Immer wieder.

Adresse Deutsche Akademie für Fußballkultur, Marienstraße 15, 90402 Nürnberg-Gleißbühl, www.fussball-kultur.org | **ÖPNV** U2, Haltestelle Wöhrder Wiese | **Öffnungs-zeiten** bei Veranstaltungen | **Tipp** Die lebensgroßen Spielerfiguren im Rathaus, auf dem Weg zum OB, sind sehenswert.

23__ Das Dokumentations-zentrum

Vielfach ausgezeichnet: Bildungsstätte mit Vorbildcharakter

Es ist eine brutale Konstruktion. Wie ein Pfahl durchbohrt sie das Gebäude und zerstört dessen Monumentalität. Dem Grazer Architekten Günther Domenig, der 1998 den Wettbewerb zur Gestaltung des Dokumentationszentrums Reichsparteitagsgelände gewonnen hatte, ging es darum, ganz bewusst einen Kontrapunkt zur Nazi-Architektur zu setzen. Mit seinem stählernen Keil, durch den der Besucher in den Ausstellungsbereich gelangt, durchbohrt er die Natursteinfassade des Kopfbaus der nie ganz fertiggestellten Kongresshalle. Der Bau liquidiert sich sozusagen selbst.

2001 eröffnete die durch die Nazis schwer kompromittierte Stadt das Dokumentationszentrum am Dutzendteich und erntete für diesen sichtbaren Akt, sich mit der Vergangenheit auseinanderzusetzen, viel Anerkennung. Auf 1.300 Quadratmetern gibt unter anderem die Ausstellung »Faszination und Gewalt« einen Eindruck von einem Ort, der im Unterschied zu den KZs kein Ort der Opfer, sondern ein Ort der Täter war. Albert Speer, Hitlers bevorzugter Baumeister, damals noch am Anfang seiner Karriere, entwarf auf 24,5 Hektar das Reichsparteitagsgelände, jene Bühne also, auf der sich die Nazis der Welt präsentieren wollten. Zeppelinfeld und Zeppelintribüne, Kongresshalle wie die Baugrube des geplanten Deutschen Stadions, sie alle waren die monströse Hinterlassenschaft, auf die die Stadt irgendwie reagieren musste. Dass sie dies in Form eines Dokumentationszentrums tat, kann nachträglich als einer der Glücksgriffe in der neueren Stadtgeschichte gelten.

Nicht nur für Schulklassen und Touristen aus dem In- und Ausland hat das Dokumentationszentrum seine Attraktivität bewiesen. Mit seinem museumspädagogischen Konzept ist es ihm gelungen, gerade auch den Nachgeborenen einen nachhaltigen Eindruck der damaligen Ereignisse zu vermitteln.

Adresse Bayernstraße 110, 90478 Nürnberg-Dutzendteich, Tel. 0911/2317538 |
ÖPNV Straßenbahn 5, Bus 65, 92, Haltestelle Doku-Zentrum | **Öffnungszeiten**
Mo–Sa 9–18 Uhr, So 10–18 Uhr | **Tipp** Eine Führung über das Reichsparteitags-
gelände insgesamt zu buchen ist nicht nur informativ, sondern auch mit einem
ordentlichen Fußmarsch verbunden.

24 Das Dürer-Haus

Wo das Genie lebte und arbeitete

Schaun wir doch mal beim Meister persönlich vorbei. Er wird wohl wieder nicht da sein. Seit 1528 ist er ja kaum noch da. Grund: Abwesenheit durch Tod. Aber hier in diesem imposanten Haus am Tiergärtnertorplatz lebte er. Ob seit 1504, wie die einen Dürerforscher meinen, oder erst seit 1509, wie die anderen sagen, ist noch nicht ganz raus. Warten wir also noch ein bisschen, bis es geklärt ist, und schauen uns in der Zwischenzeit ein wenig um.

Vier Stockwerke, eine knarzende Treppe, Küche, Werkstatt, das Plumpsklo, das er heimlich und ganz gegen die Vorschrift einbauen ließ – es ist alles da, was man braucht, um als fränkisches Genie leben und im Konzert der ganz Großen mitmischen zu können. Denn, nicht wahr, hier malte und zeichnete einer, dessen Werk als Höhepunkt der deutschen, wenn nicht der europäischen Kunstgeschichte gilt. Oder sagen wir es weniger bombastisch: als einer der Höhepunkte, die Italiener gab es ja auch noch. Das aber schon. Ohne AD, wie er seine Werke zu signieren pflegte, wäre die Malerei damals nicht so triumphal rübergerutscht ins Neuland der Renaissance. Ohne ihn nicht die filigranen Gräser im »Großen Rasenstück«, kein Hase, kein Rhinozeros, keine ins akribische Detail getriebene Landschaftsmalerei. Von der (bart-)haargenauen Menschendarstellung ganz zu schweigen. Da schaute einer so genau hin, wie wir es nie können werden.

Ein Sinnenmensch also, dieser Albrecht Dürer. Einer, der es genau nahm mit dem, was ihm die Welt zu bieten hatte. Dass dazu auch Lust und Leidenschaft gehörten, versteht sich von selbst. Nicht zufällig ist von ihm der Spruch: »Ich mag nicht in den Himmel, wenn es da keine Weiber gibt. Was soll ich mit bloßen Flügelköpfchen?«, überliefert.

Mit Freund Pirckheimer sprach er gern über Frauen, Lust und Leidenschaft, besonders wenn der gerade wieder »ganz voll Hurenfreude« war. Künstlergespräche eben.

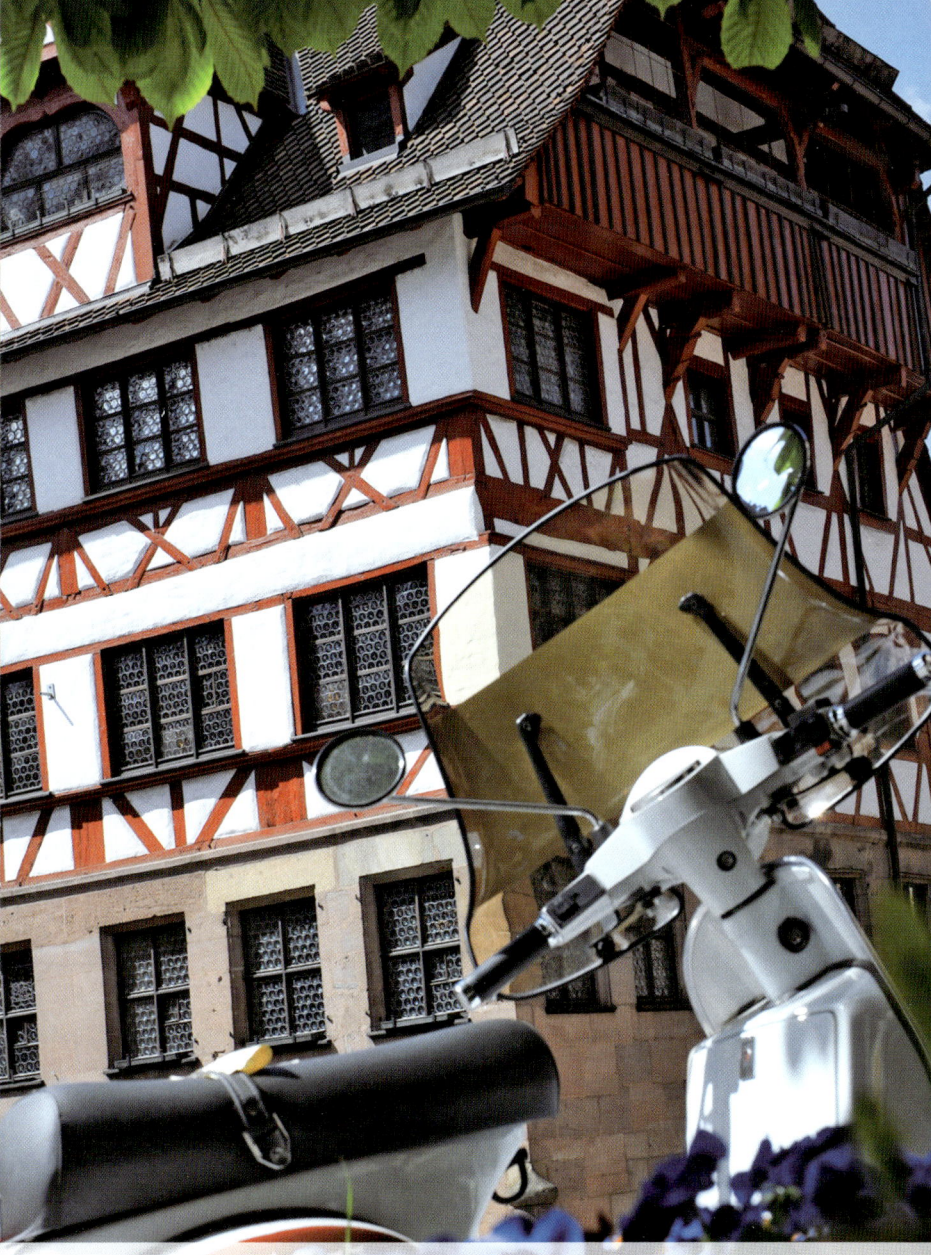

Adresse Albrecht-Dürer-Straße 39 (Tiergärtnertorplatz), 90403 Nürnberg-Altstadt |
ÖPNV Straßenbahn 4, Haltestelle Tiergärtnertorplatz; Bus 36, Haltestekke Burgstraße;
U1, U11, Haltestelle Lorenzkirche | **Öffnungszeiten** Di, Mi, Fr 10–17 Uhr,
Do 10–20 Uhr, Sa, So 10–18 Uhr| **Tipp** Das imposante Dürer-Denkmal, nördlich
von St. Sebald, ist nur ein paar Schritte entfernt.

25 Das Ehekarussell

Ein Brunnen und was er uns über die Ehe zu erzählen hat

In seinem Gedicht »Das bittersüße eh'lich Leben« läuft Hans Sachs zu großer Form auf. Himmel und Hölle setzt er in Bewegung, um seine Ehe zu beschreiben. Mal Engel, mal Teufel, sei die Angetraute, bekennt er, mal Wünschelrute und Rosenstrauch, mal Blitz und Donner. Aneinandergekettet und in inniger Streitlust verbunden, begegnen wir den beiden in einer Feuergondel im Reich der Finsternis; er, ein tanzender Teufel, sie, sein teuflisch' Eheweib.

Zwar trägt er noch goldene Haare und selbst sein Gemächt schimmert leicht golden, doch schon bald wird er von den Flammen verzehrt werden. Das gleiche Schicksal wird sie ereilen. Sie, die schon mal das Mieder geöffnet hat, um mit ihren opulenten Brüsten zu locken, ein letztes Mal. Bis dass der Tod euch scheidet, steht auf einem Stein, der nicht zufällig wie eine Grabplatte aussieht. Er scheint der einzige Hoffnungsschimmer in dem finsteren Treiben zu sein.

Es ist eine derb-drastische Bildsprache, die sich der Bildhauer Jürgen Weber für den Brunnen am Weißen Turm hat einfallen lassen. »Hans-Sachs-Brunnen« heißt er eigentlich, doch schnell wurde daraus das »Ehekarussell«. Viele Nürnberger waren entsetzt, als die neobarocke Höllenfahrt Mitte der 1980er Jahre enthüllt wurde, im hinteren Teil der Fußgängerzone, eingerahmt von C&A und Wöhrl. Sogar ein Baustopp wurde verfügt, doch das Riesending war nicht mehr zu verhindern.

Mittlerweile haben sie sich daran gewöhnt. So war er eben, ihr Hans Sachs, der Sänger und Poet, der im Hauptberuf ihre Schuhe besohlte.

»Dou siggsders, wos draus wärd, aus dera Liehm und dem ganzn Zeich«, denkt sich der Betrachter beim Anblick der Figuren und findet auf einmal seine Heiratsphobie gar nicht so schlecht. Oder auch: »Das Schöne ist nur des Schrecklichen Anfang.« Das ist nicht von Hans Sachs, sondern von Rilke. Auch der war mal verheiratet, aber nur kurz. Dann floh er. Nach Paris, ins Atelier von Auguste Rodin.

Adresse Am Weißen Turm, 90402 Nürnberg-Altstadt | **ÖPNV** U1, Haltestelle Weißer Turm | **Tipp** Von Jürgen Weber gibt es einen zweiten Brunnen, »Das Narrenschiff« nach dem Roman von Sebastian Brant, am Eingang zum Hauptmarkt.

26 Das Ellenbogengässchen

Ein waschechtes Unikum

Das Ellenbogengässchen ist winzig. Fünf Schritte breit und keine zwei Steinwürfe lang. Folglich kann es leicht passieren, dass man dran vorbeiläuft, obwohl diese Gasse zentral in der Sebalder Altstadt liegt – im direkten Umfeld von Wolff'schem Rathaus, Gesundheitsamt und Fembohaus. Und überhaupt ist es gut möglich, dass sogar Einheimische mit dem Namen nichts anfangen können, was wiederum keine Blamage ist. Denn das Ellenbogengässchen existiert in dieser Form erst seit 1997, zudem taucht es bis dato in keinem offiziellen Stadtplan Nürnbergs auf. Man muss dieses Unikum also entdecken.

Dass der Ellenbogen zu solchen Ehren kam, hat mit dem Architekten Dieter Fritsch zu tun. Er erhielt in den 1990er Jahren den Auftrag, das neue Haus der evangelisch-lutherischen Kirche in Nürnberg zu bauen, kurz »eckstein« genannt. Das Druckerei-Anwesen an der Burgstraße musste dafür umgestaltet werden. Als fortschrittlicher Geist und überzeugter Altstädter, der ein paar Ecken weiter in der Weißgerbergasse wohnt und im Kreuzgassenviertel arbeitet, verknüpfte Fritsch die alte Bausubstanz mit Glaselementen und klaren Baulinien, was sich letztlich zurückhaltend und überzeugend ins Viertel einfügte.

Was den Ellenbogen betrifft: Auf den war Fritsch im Zuge seiner umfassenden Quellenstudien gestoßen. Pläne aus dem 17. Jahrhundert waren es, die verwinkelte bis gebogene Gassen in diesem Bereich auswiesen. Sie inspirierten ihn dazu, am Rand des Anwesens ein Gässchen zu integrieren, das von der Burgstraße und dem hauseigenen Kulturclub »Keck« rüber zur Unteren Krämersgasse führt.

Der Name Ellenbogengässchen lag wegen der Form auf der Hand. Und weil das Grundstück nicht der Stadt, sondern der Kirche gehört, musste nicht mal der Stadtrat einen Beschluss fassen. Ein waschechtes blaues Straßenschild hilft trotzdem eingangs der Gasse bei der Entdeckung des Unikums.

Adresse Burgstraße 1–3 beim »eckstein«, dem Haus der evangelischen Kirche, 90403 Nürnberg-Altstadt, Tel. 0911/2142140 | **ÖPNV** Bus 36, Haltestelle Burgstraße | **Tipp** Das Nürnberger Burgtheater, wo nicht der Ellbogen, sondern die spitze Zunge regiert, liegt 200 Meter entfernt in der Füll 13 und bietet viel Spitzenkabarett.

27_ Der Europaplatz

Wo 48 Länder zusammenwachsen

Es ist ein Kreuz mit Europa. Da hat der Europaplatz keine Ausnahme gemacht. Ausgerechnet das »Tafelhain«-Neubaugebiet auf dem früheren Gelände der Tafel-Werke wurde als Standort auserkoren. Und das ohne irgendeine Gestaltungsidee. Während nebenan in den 1990er Jahren die Wohnblöcke dicht gedrängt samt betreutem Wohnen und Pflegeheim emporwuchsen, führte der Platz zu Ehren Europas ein Schattendasein.

Es dauerte bis 2001, bis ein paar Bänke und Laternen kamen. Der trostlose Anblick blieb, womit sich der Bürgerverein Jobst-Erlenstegen zum Glück nicht anfreunden wollte. Er erinnerte die Stadt immer wieder an das Versprechen, dass hier kein Provisorium zur Dauereinrichtung werde, sondern der Platz ein Gesicht bekommen solle, sobald die Bebauung abgeschlossen ist.

Dank der Hartnäckigkeit des Bürgervereins fand 2007 ein Gestaltungswettbewerb statt, bei dem das Konzept der hiesigen Landschaftsarchitekten Adler & Olesch siegte. Der schöne Kunstgriff, der 2008 realisiert wurde, besagt: Alle 48 Länder Europas haben auf der lang gezogenen Fläche ein Beet mit einer bestimmten Pflanze, deren Blütenfarbe in der Flagge der jeweiligen Nation enthalten ist. 75.000 Euro hat der hintersinnige Botanikspaß gekostet, der für ein buntes Wechselspiel sorgt, indem er Europa vom Frühjahr bis zum Herbst zum Blühen bringt.

Angesichts des problematischen europäischen Einigungsprozesses hat dieser partnerschaftliche Ansatz etwas wunderbar Wegweisendes. Doch der Reiz des Platzes litt zuletzt durchaus passend zur großen EU-(Finanz-)Krise unter einem kräftigen Durchhänger bei der Pflege. Geharnischte Proteste des Bürgervereins haben Besserung gebracht. So beweist der Fall des Nürnberger Europaplatzes hoffentlich beispielhaft, dass der alte Kontinent mit Hartnäckigkeit und Liebe zum Detail zu retten ist. Und irgendwann wird man dank ergänzter Tafeln auch noch erfahren, was da genau wächst.

Adresse Europaplatz, 90491 Nürnberg-St. Jobst | **ÖPNV** Straßenbahn 8, Haltestelle Tafelhalle; Bus 43, Haltestelle Heinemannbrücke | **Tipp** Die Tafelhalle, Äußere Sulzbacher Straße 60, liegt oberhalb des Europaplatzes und bietet seit 1987 regelmäßig Theater, Musik, Tanz und Kleinkunst, inklusive Café.

28___ Die Felsengänge

Im Bauch der Stadt

Unter den Felsengängen versteht man ein weit verzweigtes Kellersystem unterhalb der Altstadt, im Bauch der Stadt. Der Zugang befindet sich am Albrecht-Dürer-Denkmal.

Von hier aus steigt man hinunter in Nürnbergs Unterwelt. Verbunden sind die Felsengänge mit den mittelalterlichen Lochgefängnissen und dem historischen Kunstbunker, unmittelbar unterhalb der Kaiserburg.

1380 werden sie zum ersten Mal urkundlich erwähnt. Von Anfang an dienen die »Bierkatakomben«, wie sie meistens genannt werden, vor allem der Lagerung von Bier.

So ist jede Brauerei verpflichtet, einen eigenen Keller zur Gärung und Reifung des Bieres zu graben, besonders jedoch zu seiner Kühlung. »Kühldome« nannte man die im Winter mit Eis befüllten Räume. Es herrschte eine konstante Temperatur zwischen 7 und 10 Grad Celsius. Als sie wegen neuer Kühlmethoden nicht mehr benötigt wurden, nutzte man die Keller, um fassweise Salzgurken aufzubewahren. Heute werden einige Gewölbe zur Champignonzucht genutzt.

Eine ganz andere Funktion bekamen die Felsengänge dann in den Kriegsjahren. Sie wurden als Bunker genutzt. Besonders bei den schweren Luftangriffen 1940 und 1945 suchten die Menschen hier Zuflucht. So drängten sich in der Nacht zum 2. Januar 1945 bis zu 40.000 Menschen in den unterirdischen Schutzräumen. Nach Kriegsende dienten sie teilweise auch als Notbehausung. Als man beim Wiederaufbau die Lüftungsschächte einfach überbaute, kam es zu schweren Schäden im Kellersystem. Wasser begann einzusickern, und die Gänge konnten nicht trocknen. Erst als ein Haus einsturzgefährdet war, begann man die Keller mit Stahlträgern zu stabilisieren.

Inzwischen dienen einige von ihnen wieder der Lagerung. Bier, Essig und Spirituosen werden nun hier aufbewahrt.

Adresse Bergstraße 19, 90403 Nürnberg-Altstadt | **ÖPNV** Bus 36, Haltestelle Rathaus | **Öffnungszeiten** täglich 10.30 – 17 Uhr | **Tipp** Ein Besuch in der Brauerei im Altstadthof sorgt für einen süffigen Abschluss.

29__Der Flughafen-Tower

Endlich ein Behnisch!

Es war in den 1980ern, als der 1955 eröffnete Airport Nürnberg zum Steigflug ansetzte. 1986 überschritt die Zahl der Passagiere erstmals die Millionengrenze und wuchs weiter auf fast vier Millionen anno 2011, womit Nürnberg Platz zehn unter Deutschlands Flughäfen und europaweit Rang 87 belegt. Als Folge dieses Wachstums wurde 1992 ein großes, architektonisch ansprechendes Terminal errichtet, gefolgt von weiteren Neubauten, die am Ende den 18 Meter hohen Tower alt und mickrig aussehen ließen.

Ersatz musste her. Da der Regionalflughafen, auf dessen Gelände anfangs noch Schafherden grasten, auf dem Weg zu einer überregional bedeutsamen Drehscheibe war, plante man im großen Stil. Ein Wettbewerb wurde ausgeschrieben, der Nürnberg ein besonderes Stück Architektur bescherte: Mit dem Stuttgarter Büro Behnisch & Partner siegte ein weltweites Aushängeschild von moderner Baukunst, das sich zum Beispiel für das Olympiastadion in München und den neuen Bundestag in Bonn verantwortlich zeichnete.

»Endlich ein Behnisch!«, frohlockten Architekturfans, die vom futuristisch anmutenden Entwurf von Günther Behnisch und seinem Sohn, Juniorchef Stefan Behnisch, begeistert waren.

1995 wurde der Bau des 47 Meter hohen Towers beschlossen, den die Deutsche Flugsicherung 1999 in Betrieb nahm.

Aus der Ferne wirkt der schiefe Kontrollturm mit der dunklen, 16-eckigen Glaskrone über der rechteckigen Plattform wie eine Sprungschanze der extremen Art. Und während man das Gefühl bekommt, dass hier die Gesetze der Schwerkraft ausgehebelt werden, entwickelt das Spiel mit den klaren geometrischen Formen und den Farben Blau und Betongrau einen ganz speziellen Reiz, den Wolkengebilde und Sonnenstand verstärken, ja auf die Spitze treiben. Note eins mit Stern!

Angesichts der aktuellen Flughafen-Finanzkrise kann man heute froh ein, dass das exklusive Prachtstück steht.

Adresse Flughafenstraße 100, 90411 Nürnberg, Tel. 0911/9371243, im Umfeld gibt es über 9.000 Parkplätze | **ÖPNV** U2, Bus 32, 33, Haltestelle Flughafen | **Öffnungszeiten** nur am Tag der offenen Tür zugänglich | **Tipp** Vom Flughafen-Aussichtshügel an der Irrhainstraße, der unweit des Towers im Zuge von Renaturierungsmaßnahmen entstanden ist, kann man das Geschehen am Airport ähnlich gut beobachten wie im Osten auf dem Hügel an der Rathsbergstraße in Buchenbühl.

30__Das Frankenstadion
Olympische Ehren

Die Hymne muss sein. Samstags wird sie gegen 15.23 Uhr ange-
stimmt, wenn die Profis vom 1. Fußballclub Nürnberg daheim spielen. »Die Legende lebt«, singen dann die schwarz und rot gekleideten
Fans im rundum überdachten Frankenstadion, das knapp 49.000 Zuschauer fasst und ein Achteck ist. Ein besonderer Grundriss in einer
geschichtsträchtigen Arena. Von 1926 bis 1928 ist das städtische Stadion errichtet worden – nach Plänen des damaligen Oberbaurats
Otto Ernst Schweizer. Es war der zentrale Teil des neuen Sport- und
Freizeitparks beim Dutzendteich, zu dem auch das Stadionbad gehört. Der Gesamtentwurf von Gartenbauamtsdirektor Alfred Hensel kam 1928 zu großen Ehren: Er erhielt beim Kunstwettbewerb
der IX. Olympischen Spiele in Amsterdam eine Goldmedaille.

Vom Urbauwerk sind nur Teile der denkmalgeschützten Tribüne
erhalten. Neue Auflagen und der Zahn der Zeit haben mehrfach zu
Umbauten geführt. Seit 1991 ist fast alles anders, für die WM 2006
kam das moderne VIP-Gebäude dazu. Die Betreibergesellschaft vermarktet die Arena, die zuletzt nach einer Kredit-Bank hieß, auch
Trauungen hat es hier schon gegeben.

Unvergessen sind Spiele wie das Finale des Europapokals der Pokalsieger 1967, das der FC Bayern gewann. Ein Jahr später feierte der
Club seine neunte Deutsche Meisterschaft – und stieg ein Jahr später ab, was der »Ruhmreiche« 2008 auch als amtierender Pokalsieger
schaffte. Unfassbar!

1972 kam das Frankenstadion erneut zu olympischen Ehren.
Während der XX. Sommerspiele in München fand hier die Partie
Deutschland gegen Mexiko statt, die 1:1 endete. Otmar Hitzfeld er-
zielte auf Flanke eines gewissen Uli Hoeneß den Ausgleich. Ein großes quadratisches Zeichen mit einem weißen Fußballer auf grünem
Grund steht heute noch am Max-Morlock-Platz und erinnert an
das Stück Geschichte. Das »Männla« gilt als beliebter Treffpunkt –
200 Meter von der Nordkurve entfernt.

Adresse Max-Morlock-Platz 1, 90471 Nürnberg-Dutzendteich, Parkplätze im Umfeld |
ÖPNV S2, Bus 55, Haltestelle Frankenstadion; U1, Haltestelle Messezentrum; Straßen-
bahn 6, 9, Haltestelle Dutzendteich; Bus 36, 65, Haltestelle Doku-Zentrum | **Öffnungs-**
zeiten Führungen werden von der Stadion Betriebs GmbH angeboten: Mai – Sept.
Do 17 Uhr, April, Okt., Nov. Do 16 Uhr; individuelle Termine über Tel. 0911 / 8186235 |
Tipp »S'Gärtla« ist ein Biergarten in der Beuthener Straße 19, der auch bei den Club-Fans
hoch im Kurs ist.

31 Die Galerie Bernsteinzimmer

Hier hat der Zeitgeist keine Chance

Sie ist da in Johannis, wo man gern achtlos vorbeigeht. Kleiner Seiteneingang in einem der schönen Bürgerhäuser, schwere cremefarbene Doppeltür, zwei Pflanzenkübel mit Nadelndem zur Rechten und zur Linken, ein niederschwelliger Zugang, klar, das ist sozusagen Programm. Dann ein Schritt und, schwupp, schon steht man mittendrin in dem rot getünchten Raum. Das Bernsteinzimmer also, aha, hatte man eigentlich etwas anders in Erinnerung. Eine kleine Cafétheke für Muffins, Selbstgebackenes und Käsehäppchen, für Espresso, Wein und Sekt. Was es eben so gibt bei einer Vernissage. Hinten raus zur Pegnitz dann eine Terrasse, die nicht lauschig zu nennen eine Ungezogenheit wäre. Wer raus will, geht an einem großen Tableau vorbei, das eine Reihe von einladend sich präsentierenden Vaginas zeigt. Kurz ist das Leben, lang die Lust.

Die Galeristen und Künstler Andreas Möhl, Birgit Naudrau, Helge von Rauffer und Fredder Wanoth betreiben seit 1997 die Kunst-Enklave, die sich durch ein ironisches bis selbstironisches Programm hervortut. So macht man sich über die »Highlights der Nürnberger Kunstkritik« lustig, lädt die »lieben Freundinnen und Freunde des Endgültigen« zu einer Ausstellung, die sich »Der Ausstieg« nennt und bei der gut zwei Dutzend Künstler den Ausstieg aus der Kernenergie, wie soll man sagen: simulieren, karikieren, nachäffen? Die »in ästhetischer Hinsicht völlig unbefriedigende Reaktorkatastrophe von Fukushima« sei der Anlass für die Aktion, so die Bernsteinzimmerleute. »Wir sind ein Zimmer und zugleich eine Weltanschauung«, sagen sie. Und weiter: »Wenn ein Fass Bier da ist, stechen wir es an. Wenn jemand eine Rede einstecken hat, wird sie gehalten. Wenn jemand ein Lied kennt, wird es gesungen.«

Nonchalant und witzig ist die Kunst im Bernsteinzimmer, schräg zum Zeitgeist, ohne großes Trara, ohne falsche Feierlichkeit.

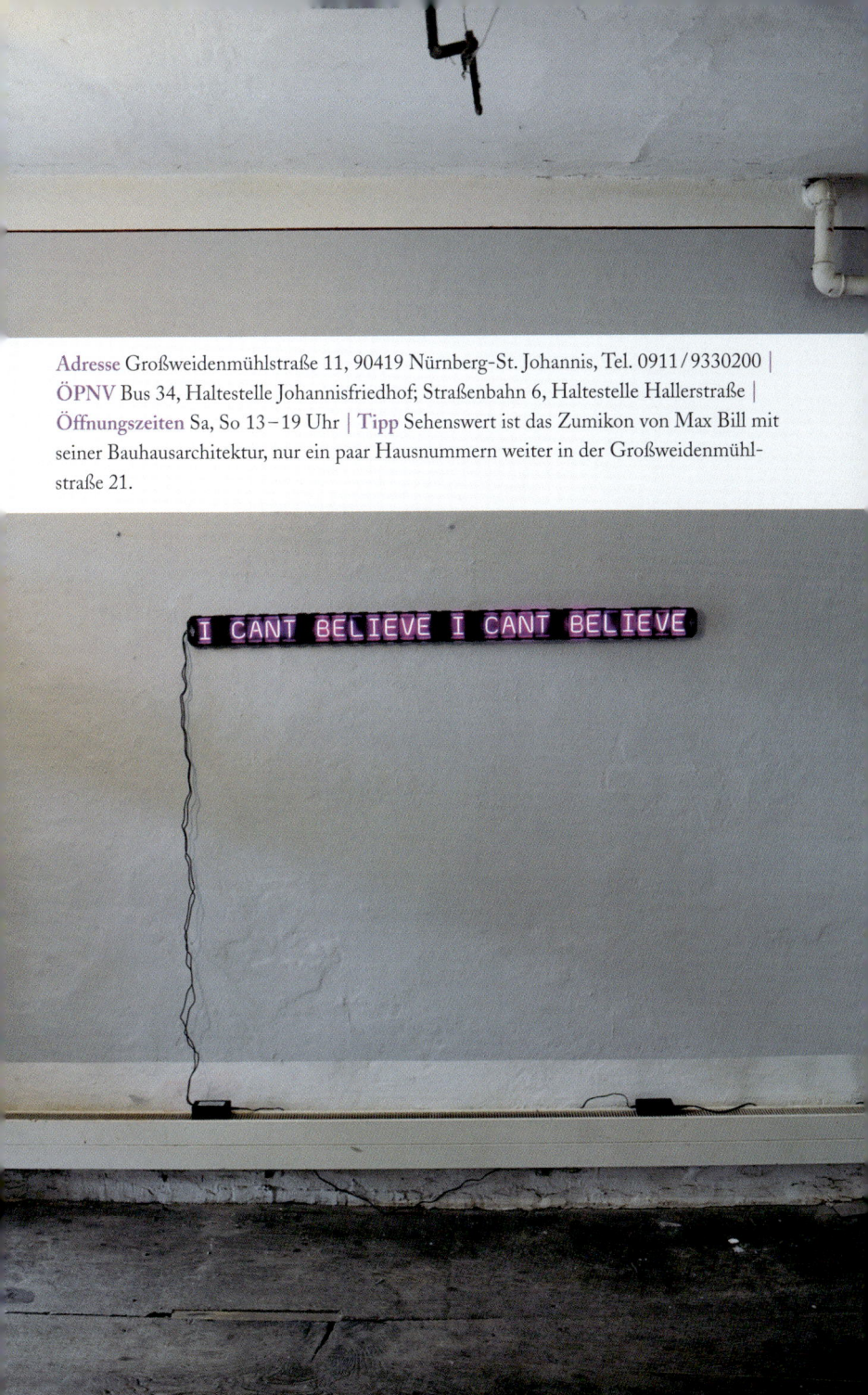

Adresse Großweidenmühlstraße 11, 90419 Nürnberg-St. Johannis, Tel. 0911/9330200 | **ÖPNV** Bus 34, Haltestelle Johannisfriedhof; Straßenbahn 6, Haltestelle Hallerstraße | **Öffnungszeiten** Sa, So 13–19 Uhr | **Tipp** Sehenswert ist das Zumikon von Max Bill mit seiner Bauhausarchitektur, nur ein paar Hausnummern weiter in der Großweidenmühlstraße 21.

32 Das Germanische Nationalmuseum

Die Herzkammer deutscher Kulturgeschichte

War das ein Andrang! Schon in der ersten Woche wollten 18.000 Besucher den »Frühen Dürer« sehen, nach ein paar Wochen waren es schon 200.000. Auf der Straße der Menschenrechte, zu normalen Zeiten oft menschenleer, bildeten sich lange Schlangen. Ein Hauch von Uffizien-Seligkeit erfüllte das Haus und den Platz davor. Plötzlich wurde es seinem Rang, das größte kulturgeschichtliche Museum im deutschsprachigen Raum zu sein, gerecht. Die (Kunst-)Welt zu Gast in Nürnberg, unter dem Patronat Dürers. Sonderzüge, ausgebuchte Hotels, ganzseitige Berichte in den Feuilletons – der Altmeister machte es möglich.

Seit 1852 gibt es das Haus mit seinen 1,3 Millionen Objekten. Der Freiherr Hans von und zu Aufseß ließ es bauen, als Reaktion auf die 1848 gescheiterte Einheit der Kulturnation Deutschland. Daher auch der Name »Germanisches Nationalmuseum«. Hier sollte gesammelt und ausgestellt werden, was kulturgeschichtlich von Belang war. Und da es nun mal ein Nürnberger war, der die weltweit erste Weltkugel entwarf, damals noch ohne Amerika, war es keine Frage, wo Martin Behaims Werk aufbewahrt werden sollte: im Germanischen Nationalmuseum, wo sonst?

Bald kamen Skulpturen von Veit Stoß und Tilman Riemenschneider hinzu, Dürers Kaiserbilder, das Porträt seines Lehrers Michael Wohlgemuth, ein erst jüngst aufgetauchtes Selbstbildnis von Rembrandt sowie, in der neueren Abteilung, Ernst Ludwigs Kirchners grandiose Ansicht eines »Trinkers«, auch sie ein Selbstporträt.

Den Rahmen bilden umfangreiche kulturhistorische Sammlungen, angefangen bei Spielzeug und den Musikinstrumenten über Möbel und Münzen, Textilien und Schmuck bis zum Deutschen Kunstarchiv, wo ähnlich dem Literaturarchiv in Marbach lebensgeschichtlich bedeutsame Materialien von Künstlern gesammelt werden.

Adresse Kartäusergasse 1, 90402 Nürnberg-Altstadt | **ÖPNV** U2, Haltestelle Opernhaus |
Öffnungszeiten Di, Do–So 10–18 Uhr, Mi 10–20 Uhr | **Tipp** In der Museumsbibliothek
lässt sich wunderbar lesen und arbeiten.

33___Der Goldene Saal an der Zeppelintribüne

Eine bizarre Hinterlassenschaft

Was für ein pathetischer Ort! Vor und nach seinen Reden gleich nebenan auf der Zeppelintribüne hielten sich der »Führer« und seine Entourage in diesem Raum auf. Ein hoher, rechteckiger, 300 Quadratmeter großer Saal, die Wände mit Muschelkalk verkleidet, die goldene Mosaikdecke, der er seinen Namen verdankt. In die Decke eingearbeitet Reihen von goldenen Hakenkreuzen, ineinander verschlungen. Eine feierlich sterile Atmosphäre beherrscht den Raum, der wie eine Mischung aus Mausoleum und heidnischer Opferstätte wirkt. Ein Ort, der alles umgehend mit Bedeutung und dem Wunsch nach Bedeutung auflädt, nach historischer Größe, der beim Besucher aber nur sanftes Gruseln hervorruft.

»Wir Anarchisten der Bühne füllten den Ort mit einer neuen Bedeutung«, erklärte Blixa Bargeld, Sänger der »Einstürzenden Neubauten«, nach einem Konzert seiner Band 1986. Von »Exorzismus« sprach der Musiker. Wie das vor ihm schon Bob Dylan und Tina Turner getan hatten. Musik gegen den Ungeist der Zeiten, den Ungeist einer Ära, die die Welt an den Abgrund führte.

Zuvor war hier die Dauerausstellung »Faszination und Gewalt« untergekommen, die dann ins Dokumentationszentrum abwanderte. Die von Hermann Glaser, Nürnbergs langjährigem Kulturreferent, maßgeblich inspirierte Ausstellung hatte zum Ziel, den Bombast nationalsozialistischer Ideen mit deren kümmerlicher Realisierung zu konfrontieren, siehe Deutsches Stadion. Gewollt war auch die bewusste Trivialisierung der einst hehren Bauten, indem sie Tennisspielern dazu dienten, ihren Aufschlag zu verbessern, oder Fahrschülern das Einparken beizubringen. Nichts gefährdet und demaskiert pathetische Entwürfe mehr als eine kümmerliche Realität.

Zehn Jahre war der Goldene Saal geschlossen, nun ist er wieder der Öffentlichkeit zugänglich.

Adresse Kontakt über das Dokumentationszentrum Reichsparteitagsgelände, Bayern-
straße 110, 90478 Nürnberg-Dutzendteich | **ÖPNV** Bus 65, 92, Haltestelle Doku-
Zentrum | **Öffnungszeiten** nach Vereinbarung| **Tipp** Empfehlenswert ist eine der vielen
sachkundigen Führungen des Vereins »Geschichte Für Alle« über das Dokumentationszentrum.

34 Das Gostner Hoftheater

Krawatte überflüssig: Wo sich die alternative Szene trifft

Es war Nürnbergs erste Off-Bühne: das Gostner Hoftheater, 1979 gegründet und schnell als alternative Spielstätte etabliert. Wenn man Lust auf anregendes Sprechtheater hatte und nicht ins Stadttheater wollte, ging man ins »Gostner«, wie es in der Szene nur hieß. Da konnte man mit aktuellen Stücken rechnen, soliden bis guten, gelegentlich auch sehr guten Darstellern, Inszenierungen abseits des Mainstreams und einem lässig-krawattenlosen Flair. Im Sommer saß man nach der Vorstellung im lauschigen Innenhof, im Winter im »LOFT«, der beliebten Theaterkneipe mit Galerie und Jazzpodium. Geleitet wurde die Bühne lange Zeit von Reinhard Schiller; später, als er starb, von Gisela Hoffmann und Gerhard Kohler-Hoffmann. Neben zahlreichen anderen Auszeichnungen erhielt das Gostner Hoftheater 2004 den Förderpreis der Stadt Nürnberg.

Stücke von Gabriel Barylli (»Butterbrot«) und Yasmina Reza (»Kunst« und »Gott des Gemetzels«) spielte das Theater mit den knapp 100 Sitzen bereits, da hatten die Stadttheater diese Autoren noch längst nicht im Repertoire. Auch andere zeitgenössische Stückeschreiber tauchten zuerst hier auf. Woody Allens »Stadtneurotiker« lief hier, daneben Stücke der klassischen Moderne. Oft führte Oliver Karbus Regie, oft war Thomas Witte in einer tragenden Rolle zu sehen, und meist lohnte der Besuch schon deshalb. Daran hat sich bis heute kaum etwas verändert.

Bei größeren Veranstaltungen weicht man in den Hubertussaal aus. Sigi Zimmerschied, Helmut Schleich, Han's Klaffl (»40 Jahre Ferien – Ein Lehrer packt ein«) sind hier zu hören; auch Erika Pluhar, die große Wiener Diseuse, tritt hier auf.

Ohne das Gostner Hoftheater wäre die freie Theaterszene nicht geworden, was sie geworden ist: ein belebendes Element, das auf aktuelle Entwicklungen oft schneller reagieren kann als das in Sachzwänge geschnürte Staatstheater.

Small is beautiful. Hier stimmt es.

Adresse Austraße 70, 90429 Nürnberg-Gostenhof, Tel. 0911/261510, www.gostner.de | **ÖPNV** U1, Haltestelle Gostenhof | **Öffnungszeiten** circa 1 Stunde vor Vorstellungsbeginn | **Tipp** Theater, schön und gut, aber die Jazzkonzerte im »LOFT« (unterhalb des Theaters) sind auch nicht ohne.

35 Der Haarscharf-Frisörsalon

Legendäre Schritte und Schnitte

Die graue Riesenschere ist der Hammer. Zwischen der »Stockholm«-Bar und dem »Miss Vietnam«-Laden hängt sie im Schaufenster. Nebenan ist das Foto von einer Blondine mit frecher Bubikopf-Frisur und einer Dunkelhaarigen mit fransigem Pony. Bei beiden sind die Haare scharf geschnitten, präziser gesagt: »Haarscharf«, wie's an der Riesenschere über dem roten Strich steht.

»Haarscharf« hat Richard Schmid 1987 seinen Laden genannt, als der damals 39-Jährige von der Gartenstadt an den Egidienberg wechselte. Stadtweit setzte er damit einen Trend. Nicht mehr »Salon Dingsbums« nannten progressive Figaros ihr Geschäft, Namen wie »Hauptsache«, »Cosmic Stylers«, »Haargenau«, »Contrast«, »Haarmonie« oder »Struwwelpeter« machten fortan die Runde.

Schon bevor Schmid in der Altstadt zur Schere griff, war er in SPD-Kreisen gefragt. Ex-Familienministerin Käte Strobel gehörte zu seinen Stammkunden – eine Großtante von Nürnbergs Oberbürgermeister Ulrich Maly, den »der Richard« seit Studententagen frisiert und zuverlässig dafür sorgt, dass die Igelfrisur schön keck aussieht. Leuten aus Rathaus, Wirtschaft und Journaille schert der »Udo Walz von Nürnberg« den Kopf. Unabhängig, ob politisch rot, schwarz, gelb oder grün. So besitzt der drahtige Barbier mit der Nickelbrille, der wie Maly ein großer Bob-Dylan-Fan ist, reichlich Insiderwissen.

Legendär ist die Wahlumfrage unter seinen Kunden anno 2002, als im Gegensatz zu den professionellen Meinungsforschern die OB-Zahlen bis aufs Zehntel richtig waren. Spätestens seitdem genießt der »Haarscharf«, der vor sieben Jahren samt Riesenschere 200 Meter weiter Richtung Laufer Schlagturm gezogen ist, definitiv Kultstatus. Übrigens war Schmid früher mal zwei Jahre als Schiffsfrisör unterwegs – bei Kreuzfahrten mit illustren Passagieren wie Salvador Dalí und Gemahlin Gala. Ein Anker-Tattoo am Arm zeugt von der wilden Zeit um 1969.

Adresse Innere Laufer Gasse 25, 90403 Nürnberg-Altstadt, Tel. 0911 / 223772 | **ÖPNV** U2, U3, Haltestelle Rathenauplatz; Bus 36, Haltestelle Egidienplatz | **Öffnungszeiten** Di–Fr 9 – 19.30 Uhr, Sa 9 – 14.30 Uhr | **Tipp** Das kleine, liebevoll gemachte Hut-Museum Brömme im Keller der Inneren Laufer Gasse 33 ist einen Besuch wert, Anmeldung unter Tel. 0911 / 226365.

36__Hammer

Soziales Gewissen hinter alten Mauern

Die Siedlung unterhalb der Laufamholzstraße ist wirklich hammer-mäßig. Wobei es Radfahrer gibt, die mit Karacho über das Kopf-steinpflaster brettern und nicht mal den viereckigen Obelisken mit den ägyptischen Hieroglyphen mitkriegen, der seit 1861 hier steht, nachdem er zuvor 152 Jahre im Volkamer'schen Hesperidengarten war. Merke: In diesem Industriegehöft an der Pegnitz lohnt sich ein Blick in eine über 600-jährige Geschichte.

Los ging es 1372 mit einer Mühle, aus der sich Ende des 15. Jahr-hunderts ein Hammerwerk entwickelte, in dem Messing hergestellt wurde. Aus heutiger Sicht ist es mehr als respektabel, wie damals die Beschäftigen ausgebildet und abgesichert wurden, ob im Krankheits-fall, bei Arbeitsunfähigkeit oder im Alter. Zwischen den dicken Sand-steinmauern befand sich bereits im 16. Jahrhundert ein expandieren-des Unternehmen mit sozialem Gewissen.

1820 galt das Messingwerk als größte Fabrik Nürnbergs – mit 140 Beschäftigten, die meist mit ihren Familien in 37 Wohnungen lebten. Bis ins 20. Jahrhundert blieb Hammer ein Produktionsort, der aber im August 1943 bei einem Luftangriff zum Teil zerstört wurde. Obwohl der Wiederaufbau schon beschlossen war, sorgte die Ausweisung des Wasserschutzgebiets 1958 für das Aus. Als die N-Er-gie (damals noch Ewag) das Gros des Viertels kaufte, wurden Ge-bäude und Ruinen unter Denkmalschutz gestellt.

Zwei der Fachwerkhäuser sind noch bewohnt. Eines davon ist das frühere Schulhaus, in dem das Hausmeisterehepaar Watzke schon lange lebt. Sie sind auch Ansprechpartner für die historische Aus-stellung im Uhrenhaus, wo noch Messingfolie lagert, die hier pro-duziert worden ist. Heute wird in Hammer noch immer etwas her-gestellt, das sogar zukunfträchtig ist: Ökostrom! Die Leistung des Wasserkraftwerks kann man seit Oktober 2009 auf einer elektroni-schen Anzeigentafel nachlesen. Es geht auf vier Millionen Kilowatt-stunden zu. Hammermäßig!

Adresse Christoph-Carl-Platz 19, 90482 Nürnberg-Laufamholz | **ÖPNV** Bus 40, Haltestelle Hammer | **Öffnungszeiten** Ausstellung im Uhrenhaus So 14–17 Uhr (Ostersonntag–Ende Okt.), Tel. 0175 / 4371902 | **Tipp** Der NaturErlebnisPfad von der Satzinger Mühle durchs Pegnitztal-Ost bis Hammer – mit vielen Stationen und Info-Tafeln zur Natur und zum Wasserschutzgebiet.

37_Hauptbahnhof

Kathedrale mit Gleisanschluss

Besser, zentraler kann ein Bahnhof nicht liegen. Schräg gegenüber vom Eingang zur Altstadt, in zwei, drei Minuten erreichbar, direkt angebunden an den Altstadtring. Wer hier ankommt, ist gleich mittendrin.

Das Gebäude selbst ist groß wie eine Kathedrale, flacher zwar, dafür imposant in seiner seitlichen Ausdehnung, die nicht enden will und wie ein Koloss vor den Gleisen liegt. Die Seitentrakte annähernd symmetrisch, getrennt von einem eckigen Kuppelbau in der Mitte. Stilistisch hat der Bau von allem etwas: von der Neorenaissance die Frontfassade, vom Neobarock die Seitenflügel und die Gesamtanlage, vom Jugendstil das jetzige Reisezentrum und frühere Bahnhofsrestaurant. Mittlerweile unter Denkmalschutz stehend das Empfangsgebäude. Eröffnet wurde der für damalige Verhältnisse monströse Bau am 1. Oktober 1844, als in Nürnberg schon die erste Eisenbahn unterwegs war. Zuletzt modernisiert wurde er zur Jahrtausendwende. Dabei geschlossen: das »AKI«, jenes Kino, in das man sich flüchtete früh am Morgen, wenn es lausig kalt war und man die Schule schwänzte. Meist lief dann »Emanuelle«, Teil 1 oder 2, oder sonst etwas Hochwertiges. Jetzt machen die Kinos am Nachmittag auf, wenn sie keiner mehr braucht.

Auch essen konnte man gut im Bahnhof, im Jugendstilrestaurant, wenn kurz vor Weihnachten der OB die Journalistenmeute zu Gänsebraten und Frankenwein lud. Sehr beliebt bei allen Medienvertretern. Außerdem waren die städtischen Referenten dabei, und man erfuhr mehr als bei 1.000 Hintergrundgesprächen. Irgendwann musste die kostbare Jugendstildecke dann restauriert werden, und es war vorbei mit der gebratenen Gans und den exklusiven Informationen.

Ach ja, der Hauptbahnhof ist der größte seiner Art in Nordbayern. Täglich halten hier 466 Züge, und mehr als 180.000 Passagiere kommen an oder fahren ab. Eine zentrale Drehscheibe eben.

Adresse Bahnhofsplatz 1, 90402 Nürnberg-Altstadt | **ÖPNV** per Zug, S-Bahn, U-Bahn, Bus und Straßenbahn, Haltestelle Hauptbahnhof | **Tipp** Schräg gegenüber am Eingang zur Altstadt befindet sich das K4, das frühere KOMM, Nürnbergs auch überregional bekanntes Jugend- und Kommunikationszentrum. Nicht nur das Filmhauskino, auch die Kneipe im Innenhof lohnen immer einen Besuch (siehe Seite 122).

38__ Das Heilig-Geist-Spital

Die Gesundheitsreform des Till Eulenspiegel

Schöner als das Spital ist nur der Blick auf dieses. Immer, wenn der Kaiser zu Besuch kam (und das war zu Nürnbergs Glanzzeiten nicht selten der Fall), blieb er auf der Brücke über die Pegnitz stehen und ließ seinen Blick wohlgefällig auf dem für die damaligen Verhältnisse ungemein kühnen Bauwerk ruhen. Den halben Fluss überspannte es mit zwei anmutigen Segmentbögen aus Sandstein, und es schien sich nicht einmal anstrengen zu müssen dafür. Kurzum: ein Beispiel mittelalterlicher Solidität und bürgerlichen Gemeinsinns. Ein Stück heile Welt in einer Welt, die alles andere als heilig war.

Gespendet und 1339 endgültig auf den Weg gebracht hat es Konrad Groß, eine Art fränkischer Jakob Fugger, der sich mit seinen Reichspfandschaften eine goldene Nase verdient hatte, sodass er sogar dem Kaiser aushelfen konnte, wenn der mal wieder klamm war.

Nach einer weiteren Stiftung konnte das Spital sogar einen Arzt anstellen und eine Apotheke mit eigenem Pharmazeut einrichten. Außerdem erhielten die Armen zu ihrer baldigen Genesung einen »Goldenen Trunk« spendiert. Ein Brauch, der sich erhalten hat. So wirbt das inzwischen eingezogene Restaurant mit einem »Heilig Geist Vortrunk«. Er muss, so ändern sich die Zeiten, selbstverständlich bezahlt werden.

Ein Spektakel besonderer Art bescherte Eulenspiegel dem Spital. Für 200 Gulden versprach er, das Haus im Handumdrehen zu räumen, eine Art erste Gesundheitsreform. Gesagt, getan. Auf ein Zeichen humpelten, hinkten und krochen alle Kranken aus dem Gebäude. Kein Wunder, hatte Eulenspiegel ihnen doch gedroht, wer als Letzter herauskomme, der werde zu Pulver verbrannt. Der Schelm freilich war da längst über alle Berge.

Heute locken die Weinstuben mit Silvaner und Spargel, Sauerbraten und Schäufele und Nischen, in denen man stundenlang hocken kann. Nicht zu vergessen der Kreuzigungshof. Eine verlässlich trubelfreie Zone. Es sei denn, es ist gerade Bardentreffen …

Adresse Spitalgasse 16, 90403 Nürnberg-Altstadt | **ÖPNV** U1, Haltestelle Lorenzkirche | **Öffnungszeiten** Weinstube / Restaurant täglich 11.30 – 23 Uhr | **Tipp** Ganz in der Nähe, am Hans-Sachs-Platz, sitzt der Poet auf seinem Denkmal. Nicht weit davon, in der Katharinenruine, kann man im Sommer seine Schwänke auf der Bühne sehen (siehe Seite 110).

39__Die Heiner-Stuhlfauth-Straße und -Stuben

Der Unüberwindbare – So ehrt die Stadt ihren größten Torwart

Er ist die Nürnberger Torwartlegende schlechthin: Heinrich »Heiner« Stuhlfauth, der von 1896 bis 1966 in der Stadt lebte. In weit über 600 Begegnungen stand er bei seinem Verein, dem 1. FC Nürnberg, im Tor. Fünf Deutsche Meisterschaften (1920, 1921, 1924, 1925 und 1927) holte er mit ihm. Vom 18. Juli 1918 bis zum 5. Februar 1922, fast vier Jahre also, verlor der Club kein einziges Pflichtspiel mit ihm. Am Ende dieser Serie stand ein Torverhältnis von sage und schreibe 480:47. Seine Leistungen beim 1. FC Nürnberg, aber auch als Torhüter der Deutschen Nationalmannschaft, brachten ihm den Ruf ein, einer der besten Torhüter weltweit zu sein. Nur noch Zamorra galt als einigermaßen ebenbürtig.

Stuhlfauth, mit seinen 1,84 Metern eine respektable Größe zwischen den Pfosten, wurde vielfach ausgezeichnet von und in seiner Heimatstadt Nürnberg. Eine Straße wurde nach ihm benannt, er erhielt die Bürgermedaille der Stadt, ein ganzer Ausstellungskomplex im Museum Industriekultur ist ihm gewidmet, und im Vereinsheim ehrt ihn der 1. FC Nürnberg mit den Stuhlfauth-Stuben.

Stuhlfauths Markenzeichen waren der immer gleiche graue Pullover und eine tief in die Stirn gezogene Schiebermütze. Außerdem »Hände wie Bratpfannen«, eine sichere Fußabwehr (»Ein guter Torwart wirft sich nicht«) und Abstöße bis in den gegnerischen Strafraum. Hatte er in einem Spiel wenig zu tun, lief er schon mal gelangweilt auf der Mittellinie auf und ab. 1929, in einem Länderspiel gegen Italien, war es gerade anders herum. Die Italiener schnürten die Deutschen in deren Hälfte ein und organisierten eine Art Belagerungszustand vor Stuhlfauths Tor. Doch der schien unüberwindbar. Deutschland gewann 2:1. »Gott selbst stand im Tor«, titelte eine italienische Zeitung über den »Held von Turin«.

Adresse Stuhlfauth-Stuben im Vereinsheim 1. FC Nürnberg, Valznerweiherstraße 200, 90480 Nürnberg-Zabo | **ÖPNV** Bus 43, 44, 94, Haltestelle Sportanlage FCN | **Öffnungszeiten** Di−So 11−22 Uhr, Mo nach Bedarf | **Tipp** Hier treffen sich beim Training der Profimannschaft die Kiebitze, um zu sehen, wen sie aufstellen würden und wen nicht.

40 __ Das Henkerhaus

Gruseln auf engstem Raum

Von außen schaut es eher ungefährlich aus. Hinge da nicht die Tafel mit der Axt, die eine Hand abhackt, an der Fassade. Sie verhindert, dass man am Henkerhaus vorbeiläuft und fasziniert vom mittelalterlich idyllischen Umfeld von Pegnitz und Weinstadel auf den hölzernen Henkersteg einbiegt. Es war der vielseitig engagierte Historikerverein »Geschichte Für Alle«, der im Sommer 2007 eine besondere Ausstellung in dem Haus einrichtete, das im Mittelalter tatsächlich der Henker bewohnte. Sie befasst sich mit der Arbeit eines Berufsstandes, den es in Nürnberg von 1378 bis 1806 gab, als mit der Einverleibung der Freien Reichsstadt ins Königreich Bayern die Folter und somit auch der Henker abgeschafft wurde.

An historischer Stelle kann man in drei Räumen in eine Zeit eintauchen, in der das Rechtsverständnis noch etwas anders war. Der sogenannte »Nachrichter« war stets gut informiert, weil er bei der Untersuchung der Rechtsfälle dabei war, wovon heute noch die Redensart »Das weiß der Henker« zeugt. Verurteilte wurden öffentlich und mit viel Getöse an den Pranger gestellt. Und je nach der Schwere des Vergehens gab es Züchtigungen, Verstümmelungen und mehr oder weniger grausame Tötungen.

Im Mittelpunkt des Mini-Museums steht die Ära von Franz Schmidt, der von 1578 bis 1617 amtierte. Dank seines akribisch geführten Tagebuchs sind alle 361 Todes- und 345 Leibstrafen seiner Ära dokumentiert. Durch Zeichnungen, Texte, Dokumente und Hörproben wird im Henkerhaus durchaus Gänsehaut erzeugt. Auf engstem Raum lehrt die Schau das Gruseln, zeigt aber auch erste Ansätze für eine Humanisierung des Strafrechts auf.

Im Henkerhaus hat der frühere Stadtrechtsdirektor Hartmut Frommer ein Arbeitszimmer erhalten, in dem der Vorkämpfer für den Schutz der Nürnberger Bratwurst juristische Fälle unter die Lupe nimmt. Man darf auf seine Erkenntnisse und ihre Darstellung gespannt sein.

Adresse Trödelmarkt 58, 90403 Nürnberg-Altstadt, Tel. 0911/307360 | **ÖPNV** U1, Haltestelle Weißer Turm; Bus 36, Haltestelle Maxplatz | **Öffnungszeiten** Ostern–Dez. Sa, So 14–18 Uhr | **Tipp** Der Trödelmarkt nebenan – ein kleines, feines Einkaufsviertel im historischen Umfeld – ist zudem ein wunderschöner Spielort beim »Bardentreffen« im Sommer.

41 Die Hesperidengärten

Lust, Buchs, Clou und goldene Äpfel

Es muss ein Bild für Götter gewesen sein, als vor gut 300 Jahren in Nürnberg jede Menge Barockgärten blühten. 360 Stück sollen es gewesen sein, die durch die Bank Privatleuten gehörten und deshalb im Zuge der Industrialisierung verloren gingen. Nicht alle, denn in der Johannisstraße sind vor allem seit den 1980er Jahren mehrere Hesperidengärten rekonstruiert worden, die uns in den wärmeren Monaten einen Zeitsprung ermöglichen – in eine gutbürgerliche Ära der Gartenkunst, in der zwischen akkurat geschnittenen Buchshecken reichlich Platz für Lüste zwischen Erotik, Lyrik und Völlerei war. Insbesondere dem Buch »Nürnbergische Hesperides«, das Johann Christoph Volkamer 1708 verfasst hatte, ist diese Renaissance zu verdanken, die wesentlich der Bürgerverein St. Johannis vorangetrieben hat.

Nach der griechischen Mythologie handelte es sich bei den Hesperiden um drei Nymphentöchter, die mit dem Drachen Ladon über den Lebensbaum mit den goldenen Äpfeln wachen mussten, die Herakles als eine seiner legendären zwölf Taten schließlich entwendete. Drei vergoldeten Äpfeln kann man beim Flanieren durch den schönsten Hesperidengarten begegnen, der hinter dem »Barockhäusle« mit Café und Gaststätte liegt. Enthalten sind die Früchte in einer der Steinskulpturen, die im streng rechtwinkligen Wegenetz integriert sind. Kleinwüchsige Statuen für die vier Jahreszeiten stehen dort ebenso Spalier wie vier Grazien als Stellvertreterinnen für die Erdteile.

Während der Kiesel unter den Schuhsohlen knirscht, plätschern Brunnen leise vor sich hin. Für Pärchen und solche, die es werden wollen, sind genügend Nischen mit Sitzbänken und Schattenspendern vorhanden. Und als besonderen Clou gibt es seit 1999 auf der Südseite eine Uhr, bei der ein Messingstab mit Hilfe von kleinen Buchshecken auf natürlichem Wege anzeigt, welche Stunde es ungefähr geschlagen hat. Allerdings nur an sonnigen Tagen.

Adresse Johannisstraße 47, 90419 Nürnberg-St. Johannis | **ÖPNV** Straßenbahn 6, Haltestelle Hallerstraße | **Öffnungszeiten** 1. April–31. Okt. 8–20 Uhr | **Tipp** Das »Barockhäusle« mit Restaurant und Café passt bestens zu einem Besuch der Hesperidengärten, Tel. 0911/399310.

42 Das Historische Straßenbahndepot

Kleine Reise in die Vergangenheit

Bitte einsteigen zur Fahrt in die Vergangenheit! Als die Straßenbahn noch an der Lorenzkirche vorbeifuhr und die Wagen hinten noch eine offene Plattform hatten, wo es zog und reinregnete. Die Tickets, die damals noch Fahrkarten hießen, wurden beim Schaffner gelöst, und wer schwarzfuhr und dabei erwischt wurde, zahlte zehn Mark Strafe, später dann zwanzig. Die Fahrt selbst verlief eher rumpelnd und ruckelnd, in den Kurven quietschte es, stand was auf dem Gleis, wurde wild gebimmelt, man hielt sich an Handschlaufen oder eiskalten Messingstangen fest, die Sitze waren bretterhart und die Verspätungen im Hauptverkehr beträchtlich. Dennoch: Die »Straboh« (oder Straßaboh), wie sie in Nürnberg hieß, war beliebt.

Wer Lust auf Nostalgie hat und das schwere Eisenrad der Zeit ein wenig zurückdrehen möchte, geht ins Historische Straßenbahndepot in St. Peter. Das heißt, er fährt mit der Straßenbahnlinie 6 oder mit der historischen Burgringlinie 15 hin und zuckelt dann durch die Stadt wie anno dazumal.

Dann ist auch die Dauerausstellung »Straßenbahnen der Welt« zugänglich, in der rund 130 Jahre Nürnberg-Fürther Straßenbahngeschichte dokumentiert sind, vom Beginn mit der »Ludwigsbahn« und teils noch von Pferden gezogenen Waggons 1835 bis in die unmittelbare Gegenwart. Die entscheidende Zäsur findet am 1. März 1972 statt. Da wird die 3,7 Kilometer lange Teilstrecke der U1 zwischen Langwasser und der Bauernfeindstraße eröffnet. 22.000 Menschen sind in Nürnberg zum ersten Mal unterirdisch unterwegs.

Heute sehnt sich mancher nach der Straßaboh zurück. Unvergessen die Fahrten, als der Nürnberger Autor Fitzgerald Kusz aus seinen Gedichten las, unvergessen auch die Fahrt 1983 mit dem Straßaboh-Café im Beiwagen. Schöner als mit den griespuddingfarbenen Zügen kommt man nicht durch die Stadt.

Adresse Schloßstraße 1, 90478 Nürnberg-St. Peter | **ÖPNV** Bus 36, Straßenbahn 6, Haltestelle Peterskirche | **Öffnungszeiten** jedes 1. Wochenende im Monat 10–17.30 Uhr | **Tipp** Es lohnt sich ein Besuch der Peterskirche – vom Turm hat man einen schönen Blick auf Nürnberg.

43__Der Hufabdruck

Wie ein Raubritter die Nürnberger austrickste

Es ist Nürnbergs schönste Lügengeschichte: Eppeleins Hufabdruck an der Burgmauer und sein phantastischer Sprung über den Graben. Nichts daran ist wahr, vermutlich, doch die Legende widersteht hartnäckig jeder Aufklärung. Und der daraus entstandene Spruch: Die Nürnberger hängen keinen, sie hätten ihn denn zuvor, ist ohnedies für die Ewigkeit. Ein Branding, wie man heute sagen würde.

Aber der Reihe nach. Appolonius von Gailingen, wie der Typ wirklich hieß, war Ritter auf der Kaiserburg. Weil dem Kaiser seine Rittersleut' aber ziemlich egal waren, kamen diese immer mehr herunter und wurden zu Raubrittern. Einer der schlimmsten war besagter Eppelein. Mit seinen Spießgesellen überfiel er Kaufmannszüge, wo immer er sie antraf, stahl den Nürnbergern einen goldenen Vogelkäfig mitten in der Stadt und näherte sich der Kaiserin in eindeutiger Absicht. Dass das auf Dauer nicht so gut gehen konnte, leuchtet ein. Irgendwann reichte es den Nürnbergern, und sie beschlossen, den Tunichtgut hinzurichten.

Ein letzter Wunsch freilich sollte ihm gewährt werden, und Eppelein bat darum, noch einmal eine Runde durch den Burghof auf seinem geliebten Pferd drehen zu dürfen. Die arglosen Nürnberger stimmten zu, doch der schlimme Bube nutzte die Gelegenheit zu einem rettenden Sprung über den Burggraben. Zwei Hufabdrücke auf der Sandsteinmauer sollen es bezeugen.

Bis heute werden sie gern fotografiert, und da spielt es keine Rolle, dass dieser Sprung nach Lage der Dinge nie hat stattfinden können. Weder gab es zu der Zeit schon eine Sandsteinmauer, noch wäre irgendein Pferd auf der ganzen Welt in der Lage gewesen, den Graben zu überwinden. Aber egal: Eine schöne Geschichte bleibt es allemal.

Eppelein selbst wurde dann 1381 bei Neumarkt ganz real hingerichtet. Nur bei den Burgthanner Festspielen im Nürnberger Umland lebt er weiter.

Adresse Auf der Burg 13, 90403 Nürnberg-Altstadt | ÖPNV Bus 36, Haltestelle Rathaus |
Tipp Im Westen der Burg findet man den Burggarten. Von hier hat man einen schönen
Blick Richtung Plärrer.

44 Die Ice Tigers

Wenn sich die Tiger aufs Eis begeben

Eishockey findet im Winter in der Halle statt und, weil diese in aller Regel eine begrenzte Kapazität hat, vor 8.000 bis 10.000 Zuschauern. So war es jedenfalls in Nürnberg. Um die Ice Tigers zu sehen, ging man in die »Arena«, gleich neben dem Frankenstadion. Doch das könnte bald Schnee von gestern sein.

Denn auch im Eishockey ändern sich die Zeiten, und es deutet sich an, dass man künftig auch im Freien spielen wird. So erstmals gegen die Eisbären aus Berlin. Das Match findet im Frankenstadion statt, unter freiem Himmel, und 50.000 Zuschauer können Zeuge der sportlichen Revolution werden. Emanzipiert sich da eine Sportart vom Kalender und von ihrer Jahreszeit? Geht aus der Halle ins Freie, ganz wie es ihr gefällt? Und bekommt dadurch der Fußball eine Konkurrenz, die schneller ist als er, oft auch dramatischer? In den USA jedenfalls rangieren die Freiluftspiele in der Publikumsgunst ganz oben.

Seit 1994 gibt es die Nürnberg Ice Tigers, seit 1995 nehmen sie am Spielbetrieb der Deutschen Eishockey Liga (DEL) teil. In den Jahren 1999 und 2007 wurden die Blau-Roten Deutscher Vizemeister.

Zwischendurch war man auch mal pleite, doch dann stieg der aktuelle Hauptsponsor, Thomas Sabo, seines Zeichens Schmuckhersteller, ein, und die Insolvenz konnte abgewendet werden.

Künftig möchte man mit Jeff Tomlinson, neu verpflichtet in Nürnberg, ehemals Coach der Düsseldorfer EG, wieder eine führende Rolle in der Liga spielen. Der Spaß am Eishockey soll zurückkehren, hat der neue Trainer versprochen. Unter anderem durch Off-Ice-Aktivitäten, wie er das nennt. Das kann der gemeinsame Besuch bei der Deutschen Tourenwagen-Meisterschaft am Norisring sein, das kann aber auch die Teilnahme an einem Triathlon sein. Damit soll Spannungen in der Mannschaft vorgebeugt werden. Die Weichen in Richtung Erfolg sind also gestellt.

Adresse Arena Nürnberger Versicherung, Kurt-Leucht-Weg 11, 90471 Nürnberg-Dutzendteich | **ÖPNV** S2, Haltestelle Bahnhof Frankenstadion; Bus 44, Haltestelle Hans-Kalb-Straße | **Tipp** Wenn die SpVgg Greuther Fürth zu Gast ist im Frankenstadion, einfach mal kurz die Sportart wechseln (siehe Seite 68).

45 Der Irrhain

Poetische Schlangenlinien

Es kann passieren, dass man umherirrt, bis man das steinerne Tor gefunden hat. Das liegt am fehlenden Wegweiser, aber auch daran, dass der Irrhain, die Kultstätte des Pegnesischen Blumenordens, anno 1676 vom Kraftshofer Pfarrer Martin Limburger zwar als »sprechender Garten« konzipiert wurde, was aber metaphorisch gemeint war. Ins Vogelgezwitscher mischt sich außer dem Hahngekrähe von nebenan höchstens mal das Donnern eines Düsenjets.

Wer den schnurgeraden Weg zum Irrhain gefunden hat, fühlt sich gleich wie in einer anderen Welt. Unter dem Laub von alten Eichen und Kastanien wandelt man zu einem Torbogen mit der Aufschrift »Irret nicht!«.

Früher folgten danach verzweigte Pfade und ein labyrinthischer Schlangengang. Davon ist wenig übrig geblieben, aber trotzdem strahlt das Natur- und Kulturdenkmal etwas Bezauberndes aus. Efeu umrankt den Boden, Totholz verrottet neben Bäumen, die kreuz und quer, mächtig und mickrig wachsen. Und schmale, gepflegte Kieswege durchziehen die urwüchsigen Reste des Reichswalds in poetischen Schlangenlinien.

Eine inspirierende Kraft haben seit jeher Schöngeister gespürt, wenn sie sich hier trafen, Gedichte vortrugen, Sprache und Geselligkeit pflegten. Die 1644 gegründete Vereinigung mit dem Faible fürs Blumige gilt als einzige Sprach- und Literaturgesellschaft des 17. Jahrhunderts, die bis heute besteht und aktuell 1.725 Mitglieder vorweist. An die Gründer Georg Philipp Harsdörffer und Johann Klaj sowie andere Größen wird auf Gedenksteinen erinnert.

Spielerisch, theatralisch und lustig soll es bei den »Pegnitzschäfern« zugegangen sein – und sogar Frauen waren willkommen! Beim Irrhainfest am ersten Julisonntag blüht der Ort richtig auf. Und trotz des Eremitenkäfers ist die Zukunft gesichert, weil die Forstbehörden das Betreten des Wäldchens »auf eigene Gefahr« erlaubt haben. Und falls es stürmt, gibt es ja eine stabile Hütte.

G.P.H.
HARSDÖRFER
GRÜNDER DES BLU=
MENORDENS 1644

GEB. 1607.
GEST. 1658.

Adresse hinter der Lachfelderstraße, 90427 Nürnberger-Kraftshof | **Anfahrt** Von der Erlanger Straße nach der Flughafenstraße rechts in Richtung Kraftshof abbiegen, in der Ortsmitte vor der Wehrkirche rechts der Schiestl- und dann der Lachfelderstraße folgen, Parkplätze gibt es beim Friedhof. | **ÖPNV** Bus 31, Haltestelle Kraftshof | **Tipp** Das Neunhofer Schloss eine Ortschaft weiter ist sehenswert. Außer dem Barockpark gibt es die Jagdsammlung des Germanischen Nationalmuseums zu bewundern.

46 __ Der Jakobsplatz

Kreuz und quer und voller Kreise

Der Jakobsplatz hat was. Doch das ist nicht das Ergebnis einer systematischen Gestaltung. Vielmehr hat sich das Areal zwischen der evangelischen Jakobs- und der katholischen Elisabethkirche im Laufe der Zeit entwickelt. Im Vergleich zu Stichen aus dem 17. Jahrhundert ist die Fläche heute größer, großstädtischer. Und das hat viel damit zu tun, dass das Areal mit dem Bau des U-Bahnhofs Weißer Turm anno 1978 zur Fußgängerzone wurde. Bei der Gelegenheit wurde dem 1809 amtlich ausgewiesenen Jakobsplatz ein Stück von der Ludwigstraße zugeschlagen, was für mehr Tiefe gesorgt hat.

An der Oberfläche kamen die Planer auf die überzeugende Idee, das historische Umfeld gezielt aufzulockern. Kleinere Kreismuster gibt es um Bäume, Halbkreise vor den Kircheneingängen und ein großer zentraler Kreis zieht sich um den Wasserabfluss in der Mitte über den ganzen Platz.

Das sorgt für Schwung – und die alten quadratischen Kopfsteine wirken gar nicht schwerfällig. All die Rundungen korrespondieren auch prächtig mit den Rundbogenfenstern von St. Jakob und der Kuppel von St. Elisabeth, unter der übrigens mal TV-Moderator Thomas Gottschalk predigend eine »Wetten, dass …«-Wette einlösen musste. Angesichts der vielen schönen Querverbindungen und der Aura der Weltoffenheit wäre der Ort durchaus reif für den »Platz der Ökumene«.

Jedenfalls war es kein Wunder, dass hier 1996 das Aids-Mahnmal für hiesige Opfer des HI-Virus ins Pflaster integriert wurde. Vom Künstler Tom Hecht stammt die kreuzförmige Installation »Namen und Steine«, bei der viele Vornamen eingraviert wurden.

Diese subtilen Stolpersteine regen immer wieder Passanten im Vorübergehen zum Nachdenken an. Radler ebenfalls, die im Gegensatz zum Hauptmarkt den Jakobsplatz befahren dürfen. Der gilt nicht zufällig als ziemlich sicherer Ort: Das Polizeipräsidium Mittelfranken grenzt direkt an.

Adresse Jakobsplatz, 90402 Nürnberg-Altstadt | **ÖPNV** U1, Haltestelle Weißer Turm |
Tipp Pfiffikus, der etwas andere Spielzeugladen in der Ludwigstraße 46, gleich neben dem
1. FCN-Fanshop, ist einen Besuch wert.

47 __ Das Jazz-Studio

Kellergrüße von der roten Ella

»Jazz ist nicht tot, er riecht nur komisch«, hat Frank Zappa einmal gespöttelt – und damit den Nagel ziemlich genau auf den Kopf getroffen. Dass Jazz schon müffelt, aber zugleich quicklebendig ist, ist seit 1957 an kaum einem anderen Ort besser zu erfahren als im Jazz-Studio, das der gleichnamige Verein, 1954 gegründet, in einem Kellergewölbe im Burgviertel am Paniersplatz eingerichtet hat.

Dieser Club ist nicht so einfach zu finden, selbst wenn es an der Tetzelgasse einen verbogenen Wegweiser gibt. Ein paar Meter nach dem alten Paniersplatz-Schulhaus geht es jedenfalls 19 Stufen runter, danach den Gang entlang, bevor sich der Sesam zum Jazz-Keller öffnet. Als erstes sticht einem die rote Ella Fitzgerald ins Auge, die wie eine Galionsfigur an der Wand hängt. Früher prangte das Poster direkt über der Bühne, wo nun seit 2004, als das Jazz-Studio zum 50-jährigen Bestehen aufgehübscht wurde, John »Trane« Coltrane steht.

Seitdem sorgen dunkelgrüne, gepolsterte Hocker und Bänke für komfortableres Hörvergnügen. Noch einschneidender hat sich aber das totale Rauchverbot auf das Grundfeeling ausgewirkt, das in Bayern nach einem Volksentscheid seit 1. August 2010 gilt. Vorbei sind die Zeiten, als Zigarettenqualm, Bierdunst und Kellermief dafür sorgten, dass Jazz-Studio-Besucher hinterher tagelang komisch rochen. Heute kann man fast von guter Luft sprechen, was sich allen Unkenrufen zum Trotz weder negativ auf die Qualität der Konzerte noch die Besucherzahlen ausgewirkt hat.

Ob bei »Young Lions« von der hiesigen Musikhochschule oder Oldtimern der Dixie-Swing-Szene, ob bei Freaks aus New York oder Berliner Schweinequietschern wie Rudi Mahall: Ab 21 Uhr geht auf der kleinen Bühne und oft quer durch den Stil-Garten die Post ab. Und fachkundige Vor-, Zwischen- und Nachspiele sind im schlauchigen Gewölbe mit dem Kneipen-Separee ein paar Treppen tiefer garantiert. Bis tief in die Nacht.

Adresse Paniersplatz 27/29, 90403 Nürnberg-Altstadt, Tel. 0911/364297 (Büro), www.jazzstudio.de, es gibt so gut wie keine Parkplätze in der Nähe! | **ÖPNV** Bus 46, 47, Haltestelle Maxtor | **Öffnungszeiten** Fr, Sa ab 20 Uhr | **Tipp** Die »The Art of Jazz«-Reihe, die regelmäßig Stargastspiele auf der großen Bühne der Tafelhalle präsentiert und bei der das Jazz-Studio mit dem Kulturreferat kooperiert, bietet einen kleinen Ersatz für das leider verblichene Festival »Jazz Ost-West«.

48 Der Johannisfriedhof

Wo Nürnbergs berühmte Männer ruhen

Wer auf Dürers Spuren in der Stadt unterwegs ist, landet irgendwann hier: vor der schlichten Steinplatte auf dem Johannisfriedhof. Gräber wie dieses finden sich zu Dutzenden. Es ist, als habe das Jahrhundertgenie mit seinem Tod zurück ins Glied treten wollen, so unscheinbar ist dieses Grabmal. Nur die Blumen, oft genug von zarter Verehrerinnenhand abgelegt, geben einen Hinweis darauf, dass da nicht irgendwer liegt.

Die Inschrift freilich ist Legende: »Was an Albrecht Dürer sterblich war, ruht unter diesem Grabhügel.« So der Text auf der Bronzetafel, die Dürer-Freund Willibald Pirckheimer anbringen ließ, bevor er, ganz in der Nähe, selbst seine letzte Ruhestätte fand. Die, die sich nah waren im Leben, sind es auch im Tod.

Auch auf andere berühmte Namen stößt der Besucher. Veit Stoß, Martin Behaim, Veit Hirsvogel, an den auch der glanzvoll restaurierte Renaissancesaal im Tucherschloss erinnert. Aus späteren Jahrhunderten dann der Maler Anselm Feuerbach, der Philosoph Ludwig Feuerbach, der zuletzt in Nürnberg lebte und da verarmte, Kaspar Hauser, der geheimnisvolle Findling, und William Wilson, der Lokomotivführer der ersten deutschen Eisenbahn zwischen Nürnberg und Fürth. Gleich daneben Johannes Scharrer, Mentor und Finanzier des »Adler«. Aus neuerer Zeit wurde die Ehre, auf dem Johannisfriedhof begraben zu sein, dem Rockmusiker Kevin Coyne zuteil.

Eng beieinander sind die Gräber, denn der Platz ist knapp auf dem 1475 geweihten Friedhof. Er war die unmittelbare Antwort der Stadt auf die Pest, die unter ihren Bewohnern wütete. Ein alter Friedhof also, und in seiner Enge und mit den schmalen Wegen zwischen den Grabplatten erinnert er nicht von ungefähr an die Nürnberger Altstadt. So als wären beide im Dialog miteinander.

Man muss nicht vergangenheitssüchtig sein, um diese Ruhestätte schön zu finden.

Adresse Brückenstraße 9, 90419 Nürnberg-St. Johannis | **ÖPNV** Straßenbahn 6, Bus 34, Haltestelle Johannisfriedhof | **Tipp** Ein Rundgang durch St. Johannis, Nürnbergs schönsten Stadtteil, lohnt sich in jedem Fall. Nicht weit entfernt sind auch die Hesperidengärten (siehe Seite 90).

49 Die Kaiserburg

Uriges Gewölbe gleich unter der Burg

Es ist ein absolut uriges Gewölbe, sicherlich eins der schönsten in der Stadt. Eine breite Treppe führt hinunter in die steinerne Unterwelt. Es ist ein großer Raum, gestützt von dicken Pfeilern, die man bei der Aushöhlung einfach hat stehen lassen. Kein Fenster stellt eine Verbindung zur Außenwelt her, man hat das Gefühl, Gegenwart und moderne Welt hinter sich zu lassen und in die Vergangenheit einzutauchen, und das ganz sinnlich konkret. Seit einiger Zeit freilich gibt es eine Großbildleinwand hier unten, und am Samstag verfolgt man darauf die Spiele der Rot-Schwarzen, ein Anachronismus!

Früher war es eins der beliebtesten Studentenlokale in der Stadt. Man stand um eine der Säulen herum, trank Pils, rauchte, und die Musik war so laut, dass man sich gegenseitig in die Ohren schreien musste. Es war unbequem und sehr unkommunikativ, aber grandios. Abende konnten damit gerettet werden.

Die Kaiserburg? Ein Studentenlokal? Mit Schmalzbrot und den Hits der 80er? Keine Sorge, hier ist nicht versehentlich ein falscher Text reingerutscht. Es geht um die Kneipe gleichen Namens, am Fuße der ganz realen Kaiserburg, und ein Besuch von beidem lässt sich gut miteinander verbinden. Erst der Blick auf die Stadt, dann der Einstieg in ihr Inneres. Die Studentenseligkeit ist zwar weitgehend verschwunden, heute wird hier böhmisch gekocht, Ollmützer Quargl im Mantel oder Teufels Bart, das ist gebackenes Schwarzbrot, mit Knoblauch bestrichen, darauf eine pikante Fleischmischung und geriebener Käse. Ideal zu den schweren böhmischen Bieren. Ein Hauch vom alten Prag ist in die Gaststube im Erdgeschoss eingezogen, wirklich sehenswert aber ist das Gewölbe.

Zwischen Prag und Nürnberg gab es traditionell gute Kontakte. Noch heute ist die tschechische Hauptstadt eine von Nürnbergs Partnerstädten. Daran zu erinnern ist die vornehmste Aufgabe der »Kaiserburg«. Erst dann kommen Budweiser, Gulasch und Serviettenknödel.

Adresse Obere Krämersgasse 20, 90403 Nürnberg-Altstadt | **ÖPNV** StadtBus 6,
Haltestelle Rathaus | **Öffnungszeiten** Di–Do 17–24 Uhr, Fr, Sa 17–1 Uhr | **Tipp**
Den Böhmischen Rindersauerbraten bestellen, dazu ein dunkles Bier oder einen
trockenen Weißwein.

50_ Der Kaspar-Hauser-Platz

Ein Mensch, ein Rätsel, ein Mythos

Er ist das Rätsel schlechthin: Kaspar Hauser. Am 26. Mai 1828 tauchte ein junger Bursche in Nürnberg am Unschlittplatz auf. An der Ecke des Hauses Nummer 8 versuchte er zwei Schuster anzusprechen, konnte sich aber nicht verständlich machen. Daraufhin brachte ihn der eine von ihnen zu Rittmeister Freiherr zu Wessenig in der Neutorstraße, der ihn wiederum zur nächsten Polizeiwache geleitete. Doch auch da scheiterte eine Verständigung. Lediglich die zwei Worte »Kaspar Hauser« konnte der Betreffende auf ein Blatt Papier schreiben. Er wurde daher im Luginsland, Nürnbergs Gefängnisturm, inhaftiert.

Sein Fall sprach sich schnell herum. Von einem »Tiermensch« war die Rede. Viele Neugierige kamen, um ihn zu sehen. Bewunderten seine Zeichnungen; später soll der Ungebildete sogar begonnen haben, seine Biografie zu schreiben. Rätsel über Rätsel. Gleichzeitig brodelte die Gerüchteküche. Kaspar Hauser sei der badische Thronerbe, hieß es. Er sei ein Hochstapler und Betrüger, meinten andere. Zweimal war er offenbar schon überfallen worden und kam mit Stichwunden nach Hause. Auch hier blieben die Hintergründe im Dunkeln.

Am 14. Dezember 1833 schließlich das letzte Rätsel: Im Hofgarten von Ansbach stürzt Kaspar Hauser, von einem Messerstich tödlich getroffen, nieder und stirbt drei Tage später. War es Mord? War es Selbstmord? Keiner weiß es. Bis zum heutigen Tag und trotz intensivster Nachforschungen, einschließlich DNA-Test.

Die Figur Kaspar Hauser ist darüber längst zum Mythos geworden. Jakob Wassermann schreibt den Roman »Caspar Hauser oder Die Trägheit des Herzens«, Werner Herzog dreht den grandiosen Film »Jeder für sich und Gott gegen alle«, Peter Handke führt in seinem Stück »Kaspar« die gesellschaftliche Zurichtung seines Protagonisten via Sprache vor, um nur einige Beispiele von vielen zu nennen.

Adresse Unschlittplatz, 90403 Nürnberg-Altstadt | **ÖPNV** U1, Haltestelle Weißer Turm | **Tipp** Ein Gang über den Henkersteg gleich nebenan, ins Wasser schauen und sich den sprachlosen Kaspar Hauser vorstellen.

AN DIESER STELLE
WURDE AM 26.MAI 1828

KASPAR HAUSER

ERSTMALS GESEHEN UND VON
DEM AM UNSCHLITTPLATZ 10 WOHNENDEN
GEORG LEONHARD WEICKMANN
ANGESPROCHEN

51 Die Katharinenruine

Wie gemacht für Sternstunden

Man kann tropfnass werden, daher sollte der Wetterbericht genau studiert und im Zweifel immer ein Regenschirm mitgenommen werden. Schnell flüchten geht in der Katharinenruine nicht so einfach. Außerdem ist es zum Beispiel beim Bardentreffen eine heikle Sache, ob man den Verlust des ganz vorn ergatterten Sitzplatzes wegen eines kurzen Schauers riskieren will.

Seit 1971 werden die Reste der 1297 geweihten und 1945 im Bombenhagel zerstörten Klosterkirche St. Katharina für Veranstaltungen genutzt. Ein Ort mit reicher Geschichte: Im Mittelalter waren hier die Nonnen des Dominikanerordens ansässig, die durch Reformfreudigkeit und ihre umfangreiche Bibliothek Aufsehen erregten. 1596 wurde das Kloster aufgelöst, die Nürnberger Meistersinger übernahmen es bis 1778. Danach wechselte die Verwendung mehrfach. 1848 trafen sich revolutionäre Gruppen in den Gemäuern, wo die Nationalsozialisten 1938/1939 die Reichskleinodien ausgestellt hatten.

Da ein Wiederaufbau der Kirche nach 1945 nicht zur Debatte stand, entschied sich die Stadt dafür, die Ruine zu sichern und sie samt den hohen Fensteröffnungen und dem Bogen auf der Stirnseite nutzbar zu machen. So entstand eine weltliche Kulisse, die auf eine spezielle Tour heilig wirkt. Nicht nur wegen des fehlenden Dachs scheint sie für Sternstunden gemacht zu sein.

Alle Jahre wieder untermauern Konzerte die besondere Atmosphäre. Es ist ein Rahmen, wo leise Töne zerbrechlicher, Hintersinn packender und Fröhlichkeit luftig-lustvoller als anderswo rüberkommen. Und etwas Berauschendes liegt in der Luft, wenn es an einem lauen Sommerabend dunkel wird und Stimmen die alten Mauern mitschwingen lassen. Es muss die Kraft der Kreativität sein, die besondere Vibrationen erzeugt. Wie auf einer »Blauen Nacht«, als im Rahmen einer Performance kollektiv fränkische Klöße an einer endlos langen Tafel verspeist wurden. Dabei haben nicht mal Regengüsse groß gestört.

Adresse Am Katharinenkloster 6, 90403 Nürnberg-Altstadt | **ÖPNV** U1, Haltestelle
Lorenzkirche | **Öffnungszeiten** Infos zum Programm unter Tel. 0911/2313879 | **Tipp**
Die Gaststätte »Raum und Zeit« (morgens große Frühstückspalette!) und »Die rote Bar«
(abends gute Drinks!) nebenan im Bereich Wespennest/Vischerstraße lohnen einen
Besuch.

52___Der Klarissenplatz

Zwischen Spiegelglas und Wasserspiel

Ist das nun ein Brunnen oder ein sechseckiger Wasserpavillon? »A hexagonal Water Pavillon«, wie es hochtrabend heißt. Oder spielt das am Ende gar keine Rolle? In jedem Fall hat der Platz mit dem Kunstwerk von Jeppe Hein an Attraktivität gewonnen. Der Horror vacui ist verscheucht, im Museumscafé (das den dümmlichen Namen »Happyhappa« auch noch ablegen wird) und einem der angrenzenden Hotels hat man bemerkt, dass sich das lange Zeit weitgehend menschenleere Areal bestens zur Freiluftgastronomie eignet. Wer hätte das gedacht! Offenbar bedurfte es der so und so vielsten Nutzungsanalyse, um zu diesem schlichten Schluss zu kommen.

Egal, nun sprudelt es auf dem Klarissenplatz, dem Künstler sei Dank. Kinder laufen durch die Gassen zwischen den Fontänen, es gibt Gequietsche und Geschrei und viele nasse T-Shirts. Auch die Erwachsenen regredieren für ein paar glückliche Momente, wandeln durch das Brunnenlabyrinth, breiten die Arme aus und spritzen sich gegenseitig nass. So viel Albernheit muss sein! Die Kunst-Quelle macht's möglich. Und weil sich alles vor der wundervoll eleganten Spiegelglasfassade des Neuen Museums abspielt, bekommt man den Spaß gleich doppelt. Dazu ein ansehnliches Stück Stadtmauer, die Häuserfront von gegenüber und die muntere Stimmenkulisse aus den beiden Cafés. Aus dem ehedem mausetoten Platz ist eine inspirierende Piazza geworden. Nicht in Mailand oder Genua, sondern in Nürnberg. Unglaublich! So sieht sie aus, liebe Leute, die vielbesprochene Gentrifizierung!

Stundenlang kann man hier sitzen, bei einer Pasta und einem Glas Weißwein, und den Glaspalast vis-à-vis mit seinen gelegentlichen Besuchern beobachten, sich vom Wassergeplätscher einlullen lassen und seinen Gedanken nachhängen. Auch ein schmales Buch, die Gedichte von Tomas Tranströmer oder Fernando Pessoa zum Beispiel, ist gut an einem Nachmittag zu schaffen. So viele Plätze, von denen sich das behaupten lässt, gibt es gar nicht.

Adresse Klarissenplatz, 90402 Nürnberg-Altstadt | **ÖPNV** U1, U2, Haltestelle Haupt-bahnhof | **Tipp** Ein Abstecher in den Skulpturengarten des Neuen Museums. In der Stadtmauer gibt es einen Einschlupf.

53 Das Knoblauchsland

Schöner wachsen: Kohlrabi, Karotten, Kalender Girls

Nürnbergs Gemüsegarten heißt Knoblauchsland und befindet sich im Norden der Stadt. Orte wie Almoshof, Boxdorf, Groß- und Kleingründlach, Kraftshof oder Wetzendorf verbindet man mit dem Knoblauchsland. Dazu Fürther Ortsteile wie Bislohe, Ronhof oder Poppenreuth. Außerdem von Erlanger Seite Tennenlohe.

Das Knoblauchsland gehört zu den größten zusammenhängenden Anbaugebieten in Deutschland. Bewässert wird es vor allem aus dem Sebalder Reichswald, in jüngster Zeit auch mit Pegnitzwasser.

Und was gedeiht nun auf den schier endlosen Feldern und in den zahllosen Gewächshäusern? Vor allem ist es der ausgezeichnete Spargel, den man dann am Nürnberger Hauptmarkt kaufen kann. Dazu Rettiche und Radieschen, Kohl und Kohlrabi, Zucchini und Auberginen, Tomaten und Salat, Wirsing, Lauch, Spinat, um nur einiges zu nennen. Außerdem sehr schöne Blumen, Erdbeeren und, last but not least, sehr schöne Mädchen. Dazu später mehr.

Der Name leitet sich von traditionellen Zwiebelzuchten her. Erstmals taucht er so um das Jahr 1600 auf. Seitdem ist das Knoblauchsland aus der Versorgung der Nürnberger Stadtbevölkerung nicht mehr wegzudenken.

Bleibt die Frage: Was hat es mit den Mädels aus dem Knoblauchsland auf sich? Nun, man findet sie seit Kurzem unter dem Titel »Reife Früchte, freches Gemüse« in einem aparten Jahreskalender, einer Art Gemüse-Pirelli. »Schärfer als jeder Radi, knackiger als Eissalat und kesser als Kresse« seien die durchaus luftig bekleideten Mädels, wie der Begleittext etwas bemüht frivol verheißt. Soll wohl heißen: hübsche Fotos, Bäuerinnen in erotischer Pose, auf dem Feld, bei der Ernte, beim Blumen pflücken, auf dem Traktor, mit dem Heurechen in der Hand. Sagen wir so: Wer sie gesehen hat, ist zumindest für »Bauer sucht Frau« verloren, für immer. Er guckt sich lieber im Umland um …

Heute im Angebot!!

Fränkischer Bauernspargel
½ kilo 1.⁹⁵

kilo: 3.9⁰

HL

Adresse zum Beispiel über die Erlanger Straße nach 90427 Nürnberg-Buch | **ÖPNV** Bus 31, 33, Haltestelle Nürnberg-Buch | **Tipp** In einen der zahlreichen Landgasthöfe gehen, eine Portion Spargel mit zerlassener Butter und zwei kleinen Kalbsschnitzelchen essen. Dazu einen Silvaner oder einen Kerner. Hinterher eine Crème brulée plus Espresso.

54 Das Krakauer Haus

Perspektiven für die Partnerstadt

Nach Nizza war Krakau die zweite Stadt, mit der Nürnberg 1979 eine Partnerschaft einging. Da es seit dem Mittelalter bereits Beziehungen zur polnischen Metropole gab, lag dieser Schritt nahe. Dass einmal sogar ein eigenes Domizil im Bereich der Stadtmauer entstehen sollte, war damals noch lange nicht in Sicht. Eng verbunden ist dieses Krakauer Haus mit dem Mäzen Kurt Klutentreter (1910 – 2000), der fast komplett die Umbaukosten bezahlt hat.

Im Juni 1996 war es so weit: Direkt neben dem Kasemattentor bei der Insel Schütt wurde der seit 1540 bestehende Turm bezogen, dessen historische Bezeichnung »Schwarzes Z« heißt. Das Domizil ist eine ebenso attraktive wie repräsentative Adresse – mit Kultur- und Informationszentrum sowie gastronomischen Angeboten.

Für Konzerte, Ausstellungen, Lesungen und Empfänge wird dieses Schmuckkästchen ebenso viel genutzt wie der Veit-Stoß-Saal darunter für private Feierlichkeiten.

Nach Klutentreter ist der Saal ganz oben benannt, von dem man einen herrlichen Rundumblick auf die Dächer der Altstadt hat. Ein Geheimtipp für Nachteulen ist die »Bar Europa« im Erdgeschoss, während der Kopernikusgarten auf der Ostseite zu den lauschigsten Biergärten der Stadt gehört. Viele Bäume sorgen für Schatten, und die dicken Stadtmauern schirmen den Lärm vom Altstadtring weitgehend ab, was auch für die wetterfesten Plätze im Wehrgang gilt.

Der Pachtvertrag mit dem polnischen Staat wurde 1994 auf 40 Jahre abgeschlossen. Dass 2034 Feierabend sein könnte, glaubt niemand. Zu gut sind die Perspektiven des Krakauer Hauses, das fest ins Stadtleben eingebunden ist.

Ein Beispiel für die glühenden polnisch-fränkischen Drähte ist das Jazz-Festival »PolenAllergie«, das seit 2008 stattfindet. Diese Konzerte erinnern an wunderbare »Jazz-Ost-West«-Abende, als auch vor dem Fall des Eisernen Vorhangs anno 1989 schon regelmäßig Musiker aus Krakau in Nürnberg gastierten.

Adresse Hintere Insel Schütt 34, 90403 Nürnberg-Altstadt, Tel. 0911/224120, www.krakauer-haus.de | **ÖPNV** U2, U3, Haltestelle Wöhrder Wiese; Straßenbahn 8, Haltestelle Marientor | **Öffnungszeiten** Kulturzentrum Do, Fr 10–14 Uhr, Mi 14–17 Uhr | **Tipp** Fast nebenan betreibt der Kreisjugendring den Tratzen-zwinger – einer von 71 Stadtmauertürmen, die noch vielfältig genutzt werden. Unter anderem von Burschenschaften und Künstlern, als Beratungsstelle und Studentenwohn-heim oder als Museum, wie seit 2003 der »Turm der Sinne« am Westtor.

55_Die Kunstakademie

Die Schule des Sehens, Malens und Zeichnens

Also, so alt müssen andere erst mal werden! Ihr 350-jähriges Bestehen konnte die Kunstakademie 2012 feiern. Damit ist die Akademie der Bildenden Künste, wie sie in voller Schönheit heißt, Deutschlands älteste Kunstakademie, ach was, das älteste Institut seiner Art im gesamten deutschsprachigen Raum überhaupt! Glückwunsch!

Wie es sich für eine anständige Akademie gehört, wurde sie im Barock gegründet, in dessen Blütezeit. Ein Kreis um den Ratsherren Joachim Nützel von Sündersbühl und den Kupferstecher Jakob von Sandrart hatte sich 1662 zusammengefunden, um eine Schule für Bildende Künstler zu gründen. Was anfangs eine Privatinitiative war, wurde 1699 als reichsstädtische Institution anerkannt, ehe sie 1806 eine Einrichtung des Königreichs Bayern wurde. Damit verbunden war allerdings die Herabstufung zur Kunstschule durch König Ludwig I., ein protektionistischer Akt zum Schutze Münchens als führender Kunststadt in Bayern.

Inzwischen ist die Akademie längst wieder in den Rang einer solchen befördert worden, und seit 1954 hat sie auch einen unverrückbaren Standort erhalten, in der Bingstraße, gleich neben dem Tiergarten. Gebaut hat das luftig-leichte Pavillon-Ensemble einer von Nürnbergs renommiertesten Architekten, Sep Ruf (1908–1982), der unter anderem auch den Kanzlerbungalow in Bonn realisierte und am Wiederaufbau des Germanischen Nationalmuseums beteiligt war.

Viele namhafte Dozenten konnte die Nürnberger Akademie seither gewinnen. Peter Angermann, einst als Vertreter der »Jungen Wilden« bekannt geworden, lehrt an ihr, der Kunstbuchautor Christian Demand war zumindest vorübergehend da, außerdem der Bildhauer Wilhelm Uhlig, ihr derzeitiger Präsident Ottmar Hörl, bekannt geworden durch »Das große Hasenstück«, und viele andere. Es wird nicht das letzte Jubiläum der Akademie gewesen sein.

Adresse Bingstraße 60, 90480 Nürnberg-Zabo, Tel. 0911 / 94040, www.adbk-nuernberg.de | **ÖPNV** Bus 34, 65, Haltestelle Bingstraße | **Tipp** Die Ausstellungen in der Akademie sind immer einen Besuch wert. Außerdem ist der Tiergarten nicht weit (siehe Seite 50).

56 Der Kunstautomat Sterngasse

Was Schönes zum Rausziehen

Der elfenbeinfarbene Kasten schaut aus wie ein alter Zigarettenautomat. Und deshalb läuft man beim Gondeln durch die Hintere Sterngasse fast daran vorbei. Dass man doch vor der Hausnummer 25 stehen bleibt, hat mit Dingen zu tun, die hinter den Schaufenstern im Raum stehen oder an den Wänden hängen, aber auch mit Karten, die draußen neben der Tür stecken und auf etwas aufmerksam machen, das in Nürnberg seinesgleichen sucht: den Kunstautomaten, den das Künstlerpaar Winfried Baumann und Anna Bien als Ergänzung ihrer Kunstraum-Sterngasse-Galerie seit Mai 2010 kultiviert.

Neben regelmäßigen Ausstellungen und der Beteiligung an unterschiedlichen Projekten ist dieser Automat ein hintersinniger Schachzug, um Kunst an die Frau oder den Mann zu bringen. Das Motto lautet »Kunst für alle« – und mit fünf Euro in Münzen ist man dabei. Zehn Künstler bieten jeweils was Schönes zum Rausziehen an, zigarettenpäckchengroß und in grauer Pappe verpackt.

Damit niemand die Katze im Sack kaufen muss, liegen die Exponate exemplarisch vor dem Fenster. Vier Monate dauert eine Automatenkunststaffel. Bei Auflage Nummer 9 waren außer Baumann und Partnerin Anna Bien zum Beispiel lokale Größen wie Peter Engel, Dan Reeder, Johannes Volkmann, Susanne Winter, Wolfgang Wieland, Lisa Metz, Jewon Han und Ruben Ortega mit Werken im Westentaschenformat vertreten. Und einige davon waren bald ausverkauft.

Ein weiterer Blickfang im Kunstraum Sterngasse sind Bergmanns kunstvolle »Instant Housing«-Transportgeräte, die bereits während der Stadtteilsanierung in der südlichen Altstadt präsent waren. Übrigens: Einen Katzensprung weiter hängt bei der »Hopfen-Klause« ein echter Glimmstängel-Automat. Die Packung ebenfalls für fünf Euro. Auf diese Tour wirkt das Kunstautomat-Projekt wie ein Stachel, der zum Nachdenken über den Wert von Dingen führt.

Adresse Hintere Sterngasse 9, 90402 Nürnberg-Altstadt, Tel. 0911/224149, www.kunstautomat-sterngasse.de | **ÖPNV** U1, Haltestelle Hauptbahnhof; U2, Haltestelle Opernhaus | **Öffnungszeiten** Kunstraum auf Anfrage | **Tipp** Die Vordere Sterngasse, wo es viele nette Läden von »Ultra Comix« bis zum »Fenster zur Welt« mit fair gehandelten Waren gibt.

57__Das Künstlerhaus
Überraschung ganz hinten

Es gibt Nürnberger, die waren noch nie im Künstlerhaus. Vielleicht im gläsernen Kopfbau, der 2002 für den Tourismus angehängt wurde. Das gilt aber nicht, denn den gab es nicht in Zeiten des KOMM, des Kommunikationszentrums, das dem 1910 eröffneten Prachtbau am Königstorgraben ab 1973 den Stempel aufdrückte. Reste einer Toilette wirken heute wie Folklore aus einer politisch aufgewühlten, kulturell spannenden und sozial packenden Ära.

Das basisdemokratisch selbstverwaltete Haus war das Flaggschiff des Kulturreferenten Hermann Glaser. Hier ging der Punk ab. Hier wurde gestritten, Bier und Tee getrunken, gewerkelt, getüftelt, gegiftet, geliebt, gespielt, genervt und eine Antwort auf brennende Fragen gesucht. In die Annalen ging der 5. März 1981 ein, als hier 141 junge Leute wegen Landfriedensbruchs festgenommen und eingesperrt wurden. Die größte Massenverhaftung seit Weltkriegsende in Deutschland. Der Fall endete mit einem Fiasko für die Justiz und machte das KOMM international bekannt.

Trotzdem ging es in den 1990ern bergab. Die Gruppen lähmten sich, Konzepte versandeten, das KOMM schreckte ab. Ergo übernahm die Stadt 1997 die Regie, modernisierte einen Teil, nannte es zuerst K4 und integrierte es dann in ein Ungetüm namens »KuKuQ«. Mit festen Partnern wie Filmhaus, Werkbund, Kunsthaus, Artothek, Kulturkellerei und Hinterzimmer ist der Komplex seriöser, künstlerischer, aber auch beliebiger geworden.

Wäre da nicht der Kulturgarten, der ganz hinten unterschiedliche Gäste anlockt. Malerisch liegt er zwischen Sandsteinmauern, Wehrgang und der Kunsthalle. Die Freiluftstätte führt ein Eigenleben und entfaltet vor allem abends ein bezauberndes Flair. Ob »Jazz in the garden«, NN-Kunstpreis-Vernissage oder Fußball-EM: Herrlich unverkrampft und doch ernsthaft geht es zu – ein Ort zum Auftanken, Inspirieren, Genießen. Wie zur besten Zeit des KOMM, nur schöner.

Adresse Königstraße 93, 90402 Nürnberg-Altstadt, Tel. 0911/4199701 | **ÖPNV** U1, U2, U3, Straßenbahn 5, 8, 9, Haltestelle Hauptbahnhof | **Öffnungszeiten** täglich ab circa 10 Uhr | **Tipp** Die Kulturkellerei ist eine Kellerdisco mit hochwertigem Programm im Künstlerhaus, geöffnet ab 22 Uhr am Freitag und Samstag, Eingang auf der Seite, wo das rote Sofa steht.

58 Der Kunstverein im Z-Bau

Und ewig blüht die Subkultur

Man schrieb das Jahr 1976, als in der Hinteren Cramergasse 15 ein Mythos geboren wurde. Künstler, Kunstlehrer, Lebenskünstler und Youngster, die eine dieser drei Karrieren im Sinn hatten, gingen hier abends aus und ein. Es war eine bessere Bruchbude, die neben Sperrmüllmobiliar, Plumpsklo, Mini-Bühne sowie Bier und Wein zum Sozialtarif ein irrwitziges Vereinskonzept hatte, das im Namen von Basisdemokratie und Anarchie verfasst war. Deshalb gab es immer wieder Kapriolen, von denen Nachbarn, Stadt und Polizei heute noch ein Lied singen können.

Dass Nürnberg einen weiteren Kunstverein hatte, bekamen anfangs wenige mit. Das lag daran, dass die meisten nur vom KV sprachen und zudem Leute angezogen wurden, die andere Pläne hatten, aber auch offene Augen und Ohren. So wurde aus dem Subkulturclub, dem man abends mit einer Pauschale beitrat, ein Geheimtipp. Lokale Größen wie »Argile« feierten hier Anfangserfolge, und legendär ist der erste Nürnberg-Auftritt der »Fantastischen Vier« vor sieben Besuchern.

Im Prinzip war der Kunstverein ein Provisorium, das sich in den 1990ern von einer Duldung zur nächsten hangelte. Im Frühjahr 1999 war endgültig Schluss, doch der KV hatte Glück: Weil die Stadt für einen Teil der früheren Südkaserne keine vernünftige Nutzung fand, bekam man im Seitentrakt ein neues und größeres Domizil. Die Ära des Z-Baus eröffnete dem Kunstverein als Untermieter neue Perspektiven unter alten Vorzeichen. Allerdings sorgte das Anarcho-Konzept auch für Streit im Haus.

Nach vielen Irrungen und Wirrungen hat sich die Stadt inzwischen dazu durchgerungen, den maroden Kasernenbau jetzt endlich richtig zu sanieren. Dies führt zu einem Neustart unter Regie des Musikzentrale-Vereins, sichert aber dauerhaft das KV-Biotop – inklusive packender Konzerte, Kicker-Hochburg und einem lebendigen Treff für Leute zwischen 17 und 60 plus. Prädikat: einzigartig!

Adresse Frankenstraße 200, 90461 Nürnberg-Hasenbuck, Tel. 0911/4508728 (dienstags ab 20.30 Uhr), www.kunstverein-nuernberg.de, Eingang über den Hof, wo es Parkplätze gibt | **ÖPNV** U1, Haltestelle Frankenstraße; Bus 65, 95, Haltestelle Tiroler Straße | **Öffnungszeiten** Mi ab 19.30 Uhr, Konzerte am Wochenende ab 20 Uhr, Partys ab 22 Uhr | **Tipp** Die Pizzeria Americana, gegenüber dem Trakt der Südkaserne gelegen, wo das Bundesamt für Migration und Flüchtlinge (BAMF) seit 1996 ansässig ist, ist eine Pizza-to-go-Institution seit über 30 Jahren, täglich geöffnet von 10 bis 22 Uhr – ebenso wie daneben Pizza Rosa, geöffnet 10 bis 24 Uhr.

59 Der Langsee

Ein Kurzurlaub in der Naturwasseridylle

Lang ist er nicht gerade für einen See. Trotzdem übertrifft die Wasserfläche mit gut 120 Metern Länge und bis zu 40 Metern Breite locker jedes gängige Freibadbecken. Doch die Größe ist beim Langsee eh nicht entscheidend, das Flair macht den Unterschied: Hohe Bäume umranken das Gewässer, das traumhaft mitten im Pegnitztal zwischen Erlenstegen, Ebensee und Mögeldorf liegt, wo nebenan öfter ein paar hundert Schafe blökend grasen.

Nicht so ganz einfach ist das Reingehen in den See. Selbst wenn am Eingang 22 Grad auf der Tafel steht, kommt er einem so kalt wie die Nordsee im April vor. Folglich gibt es nur zwei Möglichkeiten: Entweder man tastet sich die Leiter gaaanz laaangsaaam, Stuuufe füüür Stuuufe abwääärts vooor oder man stürzt sich mit einem lauten Schrei ins Vergnügen. Vor dem Schwimmen steht also eine Mutprobe. Wer sie meistert, den erwarten genussvolle Minuten in ebenso weichen wie trüben Fluten. Zwei lange Holzstege laden zu Sonnenbadepausen ein, von wo besonders Wagemutige kopfüber reinspringen können.

Ansonsten ist der Langsee offen für alles. Er bietet sogar die Gelegenheit zur Pflege der Freikörperkultur im hinteren Bereich der Liegewiese. Neben den FKKlern tummeln sich mit genug Abstand die Teenies im Gras, während sich zwei Ecken weiter die Jungfamilien ausbreiten können – dort, wo es viel Schatten gibt und der Weg zum schicken Kinder-Pool nicht weit ist, dessen Wasser mindestens sieben Grad wärmer als der See ist.

Da Minispielplatz, Beachvolleyballfeld, Tischtennisplatten, Seerosenbiotop, ein kleiner Sprungturm und eine nett geführte Gaststätte samt Biergärtchen in der Naturwasseridylle nicht fehlen, hat ein Tag am Langsee etwas von einem Kurzurlaub. Seit 1920 pilgern nicht nur Nürnberger zum Gelände, das die Schwimmabteilung des TSV 1846 betreut. Neuerdings mit ehrenamtlicher Unterstützung anderer Clubs. Das sollte dem Langsee die Zukunft sichern.

Adresse Ebenseestraße 35, 90482 Nürnberg-Mögeldorf, Tel. 0911 / 543516, wenig Parkplätze – am besten das Fahrrad nehmen | **ÖPNV** Bus 40, Haltestelle Prutzstraße, Straßenbahn 8, Haltestelle Erlenstegen (mit Fußweg durchs Pegnitztal) | **Öffnungszeiten** circa Juni–Anfang Sept. Mo–Sa 10–20 Uhr, So, Feiertage 9–20 Uhr | **Tipp** Das Naturgartenbad, Schlegelstraße 20, in Erlenstegen, zehn Minuten zu Fuß entfernt, ist für Wasserratten, die lieber in Becken schwimmen oder die »Mach 1«-Disco-Schönheiten am »Rolex-Hügel« bewundern wollen.

60_ Die Liebesinsel

Gondeln, Boutiquen und ein unehrenhafter Beruf

Die Liebesinsel, mitten in der Pegnitz, am östlichen Ende des Trödelmarkts gelegen, ist ein schöner Platz, auch wenn der Name falsche Erwartungen weckt. Denn ob auf dem spitz zulaufenden Rasenstück mit den üppigen Weiden wirklich die Freuden der Liebe gepflegt werden, wir wissen es nicht. Die Recherche gestaltet sich einigermaßen delikat und müsste sich ja, um belastbar zu sein, in die Nachtstunden hinein erstrecken.

Andererseits: Paare lassen sich hier schon gern nieder im Gras, ziehen die Schuhe aus und vielleicht ein bisschen mehr und schauen auf die Fleischbrücke, die nicht zufällig an ihr berühmtes Vorbild, die Rialtobrücke in Venedig, erinnert. Und sie warten darauf, dass eine der drei Gondeln anlegt, Nürnbergs aparte Reverenz an die Partnerstadt Venedig. Mitten in Nürnberg ist man hier und doch ganz woanders.

Am anderen Ende der Liebesinsel, die offiziell Trödelmarktinsel heißt, ist übrigens der Henkerturm. Hier wohnte in früheren Zeiten der Scharfrichter. Da sein Handwerk in der Stadt aber als »unehrlich« galt, wurde er auf die Insel in der Pegnitz verbannt. Man wollte mit ihm nichts zu tun haben.

Inzwischen haben sich hübsche kleine Läden auf der Insel angesiedelt. Schmuck, Brillen, Kinderschuhe, Spielzeug, alles bekommt man hier und oft etwas besser als anderswo. Das gilt auch für die Espressobar, die kaum Wünsche offen lässt, auch bei anspruchsvolleren Gemütern.

Nicht zuletzt aber das Café an der Pegnitz, das seinen oft traumverlorenen Service mit guten Kuchen und Torten sowie einem erfreulichen Apfelstrudel ausgleicht. Wer hier im Sommer einen Tisch ergattert hat, bleibt meist länger sitzen, als er vorhatte. Er weiß, einen angenehmeren, vom Straßenverkehr unbehelligten Platz findet man nicht so leicht. Und insgeheim beschließt er, die Insel in »Insel zum Trödeln« umzubenennen. Muss ja keiner wissen.

Adresse Trödelmarkt, 90402 Nürnberg-Altstadt | **ÖPNV** Bus 4, Haltestelle Rathaus | **Tipp** Jedes Jahr beim Altstadtfest kommt es zum großen Spektakel auf der Pegnitz, dem Fischerstechen, bei dem der Gegner aus dem Boot bugsiert werden muss.

61 Das Literaturhaus

Lesen und gelesen werden

Eine Stadt, die auf sich hält, hat ein Literaturhaus. So ist es inzwischen Standard zwischen Hamburg und München. Auch Nürnberg hat ein Literaturhaus, gleich am Eingang zur Altstadt. Doch nicht die Kommune hat es dahin gestellt, es verdankt sich vielmehr einer Privatinitiative. Manfred Boos, lange Jahre Leiter des Studios Franken beim Bayerischen Rundfunk, nahm die Sache in die Hand, unterstützt von Literaturfreunden aus dem Stadtrat, den Medien und dem öffentlichen Leben. Die Literatur, zuvor nur geduldeter Gast, mal hier, mal dort, sollte ein eigenes Zuhause bekommen. Mit Lesungen, Diskussionen, einem breiten Zeitungsangebot, einer kleinen Bibliothek und einem Restaurant. Bald war ein passendes Objekt gefunden, und 2003 wurde das Haus, in dem sich zuvor ein Spielwarengeschäft befunden hatte, eröffnet. Mit einer Autorin, die nur selten in der Stadt zu hören war: Christa Wolf.

Ihr folgten viele Kolleginnen und Kollegen, bekannte und weniger bekannte, sprachmächtige und sprachverlegene, diskursfreudige und monologversessene. Martin Walser war da und Wilhelm Genazino, Peter Bichsel und Louis Begley, Wolfgang Hilbig und Peter Nadas, Thea Dorn und Kerstin Hensel und viele, viele andere.

Und weil manche, die man gern mal gehört hätte, wie Wolf Wondratschek oder Peter Sloterdijk, nie da waren und auch die regionale Literatur nicht das erwartete Podium bekam, gab es mal Krach, auch das sehr literaturaffin. Die eine oder andere Debatte, wie etwa zum Urheberrecht oder zur Zukunft des Buches als Medium, hätte man sich ebenfalls gewünscht. Und weil wir schon mal dabei sind: Ein Poetenfest, wie es Erlangen seit Jahrzehnten ausrichtet, stünde Nürnberg auch gut zu Gesicht.

Eines immerhin hat das Literaturhaus geschafft: Die Schwellenangst, sich mit Literatur zu befassen, ist gesunken. Es hat sich als Treffpunkt, als sozialer Ort etabliert. Nicht das Schlechteste, was sich über ein Literaturhaus sagen lässt.

Adresse Luitpoldstraße 6, 90402 Nürnberg-Altstadt | **ÖPNV** U1, U2, U3, Haltestelle Hauptbahnhof | **Öffnungszeiten** täglich 9–22 Uhr | **Tipp** An den Tischen vor dem Haus lässt sich Literatur gut live beobachten. Erfreulich ist auch das Angebot in der Museums-buchhandlung mit dem Mobilia-Design-Shop schräg gegenüber.

62 Die Lorenzkirche

Von Sternschnuppen und anderen Wundern

Man muss nicht eigens an Kants berühmten Satz vom »gestirnten Himmel über mir und dem moralischen Gesetz in mir« denken, um zu verstehen, dass Sternenhimmel, Kirche und vorbildliches Leben viel miteinander zu tun haben. Ein Ort, der dazu einlädt, ist die Lorenzkirche, und das hat folgenden Grund: Es gibt eine Legende ihres Patrons, des heiligen Laurentius, die einerseits zu den Sternen aufblicken lässt und andererseits gut zu diesem gotischen Gotteshaus passt.

Laurentius, so wird erzählt, habe auf Anweisung des Papstes die Schätze der Kirche unter den Armen verteilt. Dies soll wiederum Kaiser Valerian (200–260 nach Christus) so erzürnt haben, dass er Laurentius kurzerhand hinrichten ließ. In der Nacht zum 10. August 258 soll es gewesen sein. Der Kaiser, ein fanatischer Christenverfolger, soll Laurentius dabei auf einen glühenden Rost gelegt und zu Tode gefoltert haben. Über die Reaktion des Märtyrers gehen die Berichte freilich auseinander. Er habe bittere Tränen über die Sünden der Menschen vergossen, sagen die einen, er habe höhnisch gelacht und dem Henker befohlen, ihn doch zu wenden, denn auf der einen Seite sei der Braten schon gar, die anderen.

Wie auch immer: Laurentius gilt seither als Schutzpatron für alle Brandverletzten und Fieberleidenden. Auch Feuerwehrleute, Köche, Bäcker, Glasbläser und Köhler sehen in ihm einen Nothelfer. Stärker noch hat freilich der weinende Märtyrer die menschliche Phantasie beschäftigt. Aus den »Tränen des Laurentius« wurden Sternschnuppen, wie sie gerade im August besonders häufig zu beobachten sind. Wegen eines perspektivischen Effekts scheinen sie alle von einem Punkt im Sternbild Perseus herzukommen; Fachleute sprechen daher von den »Perseiden«.

Sie bieten ein faszinierendes Schauspiel am nächtlichen Himmel. Dieses am Eingang zur Lorenzkirche zu verfolgen, ist mit einem besonderen Gänsehautgefühl verbunden.

Adresse Lorenzer Platz 1, 90402 Nürnberg-Altstadt | **ÖPNV** U1, Haltestelle Lorenz-kirche | **Öffnungszeiten** Mo–Sa 9–17 Uhr, So 13–16 Uhr| **Tipp** Eine Besichtigung der Kirche mit Sakramentshäuschen, Englischem Gruß und den kunstvoll gearbeiteten Kirchen-fenstern bietet sich an.

63 Das Männleinlaufen

Wo sich mittags um zwölf die Hälse recken

Unmöglich, um 12 Uhr mittags am Hauptmarkt zu sein und nicht zum Männleinlaufen an der Frauenkirche hochzuschauen. Jeden Tag aufs Neue, die vielen Touristen unterstreichen es, ist dies die Attraktion. Man könnte sagen, einer der magischen Momente im Leben der Stadt.

Gespräche werden unterbrochen, Kinder auf die Schultern genommen, der Obst- und Gemüseverkauf gerät ins Stocken, Handys, Fotoapparate und Videokameras werden in Stellung gebracht. Und das ist das Schöne daran: Man kann das Glockenspiel goutieren, ohne im Geringsten über seinen historischen Ursprung Bescheid zu wissen. Das macht seinen Reiz als Volksspektakel aus.

Dass der, der in der Mitte sitzt, der Kaiser ist, das wissen die meisten noch. Auch dass es sich bei den ihn Hofierenden um die Kurfürsten handelt, ist bekannt. Schwieriger wird es schon bei den genauen historischen Zusammenhängen.

Gestiftet wurde das Männleinlaufen von Kaiser Karl im Jahr 1356 zur Erinnerung an die »Goldene Bulle«. Da die Uhr jedoch erst zwischen 1506 und 1509 angefertigt wurde, bekam Kaiser Karl das Werk nie zu Gesicht.

Der Ablauf ist folgender: Punkt zwölf tritt rechts vom Kaiser ein Herold heraus und beginnt das Glockenspiel. Es folgen zwei Posaunenbläser, ein Flötenspieler und ein Trommler und schließlich die sieben Kurfürsten, die dem Kaiser die Reichskleinodien präsentieren. Anschließend verschwinden sie, wie sie gekommen sind. Diesmal in der Türe links vom Kaiser.

Vor ein paar Jahren gab es die Idee, das Glockenspiel zweimal am Tag, um 12 und um 16 Uhr, stattfinden zu lassen. Sowohl im Stadtrat wie in der Bevölkerung gab es dafür jedoch keine Mehrheit. Tenor war: Unser Männleinlaufen ist einmalig, und das soll es auch bleiben.

Adresse Frauenkirche, Hauptmarkt, 90402 Nürnberg-Altstadt | **ÖPNV** Bus 34, Haltestelle Hauptmarkt | **Tipp** Bei der Gelegenheit bietet sich eine Besichtigung der Frauenkirche geradezu an.

64_Der Marienbergpark
Ein Paradies für alle

Idyllisch sah der Marienberg schon 1901 auf einer Postkarte aus. Eine große Wiese mit Bäumen, Sträuchern und einem Weiher samt Storch in der Mitte, dazu ein paar Bauernhäuser, eine Gastwirtschaft und ein Hügel, den der damalige Besitzer nach seiner Tochter Marie nannte. So heißt es zumindest.

Einen Einschnitt in die Idylle gab es Ende der 1920er Jahre bis 1945, als hier der erste Nürnberger Flugplatz war. In den 1950ern entstand einen guten Kilometer entfernt im Norden der neue Flughafen. Im Gegenzug legte die Stadt von 1959 bis 1973 den Volkspark zwischen Kilian- und Marienbergstraße an, der längst ein Paradies für alle geworden ist. Freizeitkicker tummeln sich dort ebenso wie Jogger, Walker, Radfahrer und Beachvolleyballer, die wie die Korbjäger ein Feld bekamen. Der Kinderspielplatz im Osten ist eine Institution wie der mehrmals aufpolierte Trimmdichpfad und die große Hundeauslaufzone.

Weniger sportlich geht es auf den zwei Grillwiesen zu, wo zur wärmeren Jahreszeit alle Völker dieser Stadt Rost an Rost vereint sind. Die jüngere Generation feiert derweil Partys nach Sonnenuntergang rund um den Weiher, wo vier Skulpturen der Gostenhofer Bildhauerin Elisabeth Endres für echte Kunst und der ausbaufähige baumbotanische Park für florale Kultur sorgen.

Da der Bund Naturschutz ein Biotop hegt und gelegentlich auch umgräbt, fühlen sich Kröten und Frösche im Volkspark ebenfalls pudelwohl. Um die Ecke trifft man unverhofft auf einen Aids-Gedenkstein und einen bizarren Geheimtipp: das Frauenlabyrinth unter der großen Weide. Ein weiblicher Kult-Ort, der in den 1990er Jahren vom damaligen Umweltreferenten Frank Schmidt spendiert wurde, weil das Original auf der Wöhrder Wiese ins Erfahrungsfeld einverleibt wurde. Wenn hier im Sommer das Gras hochgewuchert ist, geht es richtig urwaldmäßig zu. Diese Idylle muss man riechen, fühlen, mit allen Sinnen spüren!

Adresse Volkspark Marienberg, 90411 Nürnberg-Lohe, Parkplätze gibt es an der Marienberg- und Kilianstraße | **ÖPNV** Bus 22, Haltestelle Tucherhof; Bus 46, Haltestelle Marienbuck | **Öffnungszeiten** 24 Stunden geöffnet | **Tipp** Die Tucherland Spielfabrik, Marienbergstraße 102, ist die ideale Rettung für Kinder an kalten, verregneten, langweiligen Ferientagen.

65 Die Meisengeige

Blauer Dunst, schöne Frauen und die Kunst des Kinos

Kino richtig erleben, das ging lange Zeit nur in der »Meisengeige«. Da saß man in bequemen Sesseln unterhalb einer schräg geneigten Leinwand, hatte seinen Rotwein vor sich stehen und durfte rauchen, wenn es unbedingt sein musste. Und wer wollte bezweifeln, dass es bei Melvilles »Eiskalter Engel« oder »Vier im roten Kreis« sein musste? Unbedingt? Oder bei Faßbinders Melodramen? Seine »Veronika Voss«, dargestellt von der unvergleichlichen, inzwischen leider verstorbenen Rosel Zech, begann doch erst richtig zu leben im blauen Gauloise-Dunst.

Genauso wichtig wie die Zigarette dazwischen: die Diskussion danach. Nach Buñuels »Würgeengel« zum Beispiel oder dem »Diskreten Charme der Bourgeoisie«. Da kletterte dann der stadtbekannte Volkshochschuldozent (inzwischen Bildungszentrum) aus seinem Sitz, zerknittert noch vom soeben Gesehenen, geblendet vom grellen Licht der Realität, und ordnete den Film für uns alle ein, kinogeschichtlich, filmästhetisch, nach Anspielungen und Zitaten im Gesamtwerk Buñuels fragend. Herrlich, eine Lehrstunde in Sachen Autorenkino, ein Filmkolleg der besonderen Art, etwas fürs Leben.

So war das, in den frühen Jahren der »Meisengeige«, der zum Kino umgebauten Bäckerei am Laufer Schlagturm, einem der ersten Programmkinos in Deutschland überhaupt. Wolfram Weber, der Nürnberger Kino-Tycoon, der später auch das Casablanca, Metropolis und Cinecittà betrieb, gründete 1970 die »Meisengeige«. Die Kombination aus Kino und Kneipe, damals neu, gewann bald Kultstatus. Nicht nur den besten, frisch gerösteten Kaffee gab es in der höhlenhaften »Geige«, auch die interessantesten Frauen konnte man hier treffen.

Denn wie hatte Jean-Luc Godard, einer der ganz Großen in der Filmgeschichte, gesagt: »Das Kino sollte uns erzählen, warum Männer Feiglinge und Frauen wunderschön sind«. So war es. So ist es.

Adresse Am Laufer Schlagturm 3, 90403 Nürnberg-Altstadt | ÖPNV U2, Haltestelle Rathenauplatz | Tipp Den erstklassigen Kaffee sollte man sich auf keinen Fall entgehen lassen.

66__Das Messezentrum
Wo die Welt zu Gast ist

Die NürnbergMesse befindet sich im Umbruch. Sichtbar wird das vor allem am neuen Namen und am architektonischen Relaunch. Letzterer ist in vollem Gange, seit Jahren schon, und kann auf dem Weg nach Langwasser von jedermann besichtigt werden. Er wird mit der neuen Verbindungshalle 3A, für die man die ägyptische Stararchitektin Zaha Hadid gewinnen konnte, seinen krönenden Abschluss finden.

Das wabenförmig angeordnete Hallensystem, eine kleine Messestadt sui generis, hat schon jetzt ein aktuelles Schmuckstück in der »neuen Mitte«, wie sie genannt wird: ein 12.500 Quadratmeter großes Luftkissen-Lamellendach, das den Eingangsbereich überspannt und als Kongress- und Servicezentrum dient. Gut 250 Einfamilienhäuser hätten darin Platz. Damit nicht genug: Mit dem Saal Brüssel präsentiert sich ein eigenständiges Bauwerk, das auf fünf Säulen ruht und wie ein futuristisches Konstrukt wirkt.

Inzwischen zu den weltweit 20 größten Messegesellschaften zählend, umfasst ihr Portfolio rund 120 nationale und internationale Fachmessen, von der Nahrungsmittelmesse »Consumenta« über »Faszination Pferd« bis zu diversen Freizeitmessen und der Erfinderschau »IENA«. Tochtergesellschaften in Brasilien, China, Italien und Nordamerika ergänzen das Unternehmen, das zuletzt 350 Mitarbeiter beschäftigte. Wer so global agiert, braucht auch einen schmückenden Namen, und so nennt sich die NürnbergMesse seit ihrem Zusammenschluss mit der örtlichen Congress- und Tourismuszentrale etwas hochtrabend NürnbergConvention, und das Messezentrum heißt NürnbergConvention Center.

Auch die Kunst wurde als Betätigungsfeld entdeckt. Zur Eröffnung des Deutschlandjahrs 2012 in Moskau ließ man Dürers »Selbstbildnis im Pelzrock« als Puzzle auf dem Roten Platz auslegen. Putin und Gauck durften selbst mit Hand anlegen. Eine spektakuläre Aktion, so recht nach dem Geschmack der Nürnberger Messemacher.

Rund 30.000 Aussteller holt die Messe jedes Jahr nach Nürnberg.

Adresse Messezentrum 1, 90471 Nürnberg-Langwasser | **ÖPNV** U1, Haltestelle Messe | **Tipp** Ein paar Stationen weiter fahren, einen Spaziergang durch Langwasser machen und zu der Einsicht kommen, dass man heute so nicht mehr bauen würde.

67 __ Das Milchhof-Gebäude

Quadratisch, erhebend, gut.

Als im Milchhof 1995 die Lichter ausgingen, sollten die denkmal-geschützten Gebäude, 1929/1930 nach Plänen von Otto Ernst Schweizer errichtet, unbedingt erhalten werden. Es ist anders ge-kommen. Hochtrabende Umbaukonzepte (samt Musicalhalle) platz-ten, während die Industriebauten verfielen. 2008 wurden sie abge-rissen und seitdem sukzessive von kantigen Zweckbauten ersetzt. Als einziges Zeugnis ist das Milchhof-Verwaltungsgebäude geblieben. Ein Glücksfall, den Gerd Schmelzer 1999 veranlasst hat. Der Al-pha-Gruppe-Chef kaufte die Schweizer-Perle und ließ sie muster-gültig aufpolieren.

Von außen ist der streng geometrisch konstruierte Betonskelett-bau ein markantes Understatement mit klassizistischem Touch. Als in den 1960ern mit dem Wöhrder See der monströse Straßenraum des Wöhrder Talübergangs kam, hätten Ästheten aufschreien müs-sen. Doch da Oberstadtbaurat Schweizer schon 1929 verärgert Nürn-berg verlassen hatte und seit 1930 Professor an der Technischen Hoch-schule in Karlsruhe war, hatten die Bauten des Stadion-Architekten keine Lobby.

Man muss nur den Raum betreten und auf der Stirnseite die phä-nomenale Wand mit den 68 mal neun quadratischen Glasfenstern sehen, um begeistert zu sein. Die große Halle, die bis unter die Rip-pendecke reicht, ist eine wahre Bauhauskathedrale. Die Akustik ist beeindruckend – und das musste sie wohl von Anfang an sein, weil hier früher Milchprodukte versteigert wurden.

Da also Form und Funktion eng miteinander verwoben sind, be-finden sich Büros, Treppenhäuser und Flure auf der Seite, wo heute Prüfer, Kreative, Berater und Lichtexperten ansässig sind. Und siehe: Der rechte Winkel lebt – und das quadratisch, erhebend, gut. Letz-teres lässt sich auch über den »Palais am Milchhof« von Gudrun Wur-litzer sagen, der 2002 mit einem schmalen Zwischentrakt angebaut wurde. Die Paraphrase auf Schweizers Prachtstück ist kongenial.

Adresse Kressengartenstraße 2, 90402 Nürnberg-Tullnau, Parkplätze gibt es nebenan |
ÖPNV S1, S2, Straßenbahn 5, Haltestelle Dürrenhof | **Tipp** Der »Kunstverein Nürnberg –
Albrecht Dürer Gesellschaft« wurde 1792 gegründet und gilt als der älteste seiner Art – er
hat Räume im Erdgeschoss des Milchhof-Gebäudes und bürgt für interessante Ausstellungen, Tel. 0911/241562.

68_ Das Montessori-Zentrum

Ein wegweisendes Schulhaus

Es heißt, dass Kinder nicht gern in die Schule gehen. Von Pauken, Stress und Druck ist die Rede. Übertritt hier, Noten dort. Ein Jammer! Denn was gibt es Schöneres, als etwas lernen zu dürfen? Bei Krippen- und Kindergartenkindern kann man erleben, wie begeistert sie sich und die Welt entdecken. In der Schule muss Stoff bewältigt werden – das klingt abstrakt und schmeckt nach Ernst des Lebens. Kein Wunder, dass niemand gern in so eine Schule geht. Dass es auch anders geht, wenn alles etwas anders läuft, beweist das Montessori-Zentrum, das der 1986 gegründete Trägerverein 2001 errichten ließ.

Bei der Planung war klar, dass das reformpädagogische Konzept von Maria Montessori in die Gestaltung einfließen muss. Dadurch ist ein angenehm offenes, freundliches Haus entstanden, bei dem der Architekt Rainer Krauß viele wertvolle kleine Details integriert hat. Ein genialer Kunstgriff sind die Fenster neben den Klassenzimmertüren. So sehen Außenstehende, ob drinnen gearbeitet wird (und sie womöglich stören würden, wenn sie anklopfen), während man von drinnen ein Guckloch in den Flur hat.

Das schafft die Möglichkeit, die zentrale Methode der Freiarbeit nicht unbedingt im Klassenzimmer, sondern draußen am Boden, in einer Nische oder am Computertisch zu erleben. So wird das gesamte Haus, das auch Hort und Kindergarten beherbergt, zu einem Lern- und Aktionsort. Kinder lernen hier individuell, in altersgemischten Klassen, nach ihrem Tempo und ihren Interessen.

»Hilf mir, es selbst zu tun« heißt die Maxime in diesem wegweisenden Haus, das sich als »Schule für alle« versteht. Viele Veranstaltungen und Tage der offenen Tür bieten gute Gelegenheiten, einen Blick hineinzuwerfen; nach Absprache kann man auch im Alltag hospitieren und erleben, dass dies ein Ort ist, wo man gern lernt. Und lustvoll auf der großen hölzernen »Echse« mit den drei menschlichen Figuren vor der Tür herumturnt.

Adresse Dr.-Carlo-Schmid-Straße 128–130, 90491 Nürnberg-St. Jobst, Tel. 0911/
3785934 | **ÖPNV** S3, Straßenbahn 8, Haltestelle Ostbahnhof; Bus 45, Haltestelle
Dr.-Carlo-Schmid-Straße | **Öffnungszeiten** Sekretariat Mo–Fr 8.30–13 Uhr | **Tipp**
Gegenüber an der Südseite des Ostbahnhofs expandieren die Montessoris weiter –
zuletzt sind die neue Fachoberschule (MOS) und eine Krippe errichtet worden.

69__Das Museum Industriekultur

Mythen des Alltags oder: So tickte die Stadt früher

Ein Rennwagen, ein aufheulendes Auto, so Filippo Tommaso Marinetti in seinem »Futuristischen Manifest« 1909, sei schöner als die Nike von Samothrake. (Ehe nun wieder wikipedia.de bemüht wird: Die Nike von Samothrake ist eine griechische Skulptur, die die Siegesgöttin Nike darstellt. Sie ist vermutlich 190 vor Christus entstanden und befindet sich heute im Louvre.)

Was die Futuristen um Marinetti damit sagen wollten, war klar: Die Industrie kann ebenso schöne Dinge hervorbringen wie die Kunst. Wenn das aber so ist, warum dann nicht gleich ein Museum der Industriekultur einrichten und Motorräder, Fahrräder und Gegenstände des Alltags ausstellen? Schließlich gibt es ja auch noch die Geschichte von Marcel Duchamp, der ein Urinoir als Ready-made deklarierte und ins Museum brachte.

So entstand in den 1980er Jahren das Centrum Industriekultur. Historische Fahrzeugmodelle wie der Porsche Typ 12 fanden darin ebenso Platz wie ein komplettes Motorradmuseum, inklusive der Firmengeschichte von »Zündapp«, wie eine Druckwerkstatt, eine Lebküchnerei, Stationen der Bleistift-Herstellung, ein Schulmuseum, ein historischer Frisiersalon und und und.

Kultur-, Industrie- und Sozialgeschichte gleichermaßen waren bestimmend für eine Sammlung, die in der Summe einen Spiegel stadtgeschichtlicher Entwicklung darstellt. So auch in einer Ausstellung, die Aufstieg und Niedergang des Versandhauses Quelle dokumentierte.

Wer sich ein Bild früherer Lebenswirklichkeiten machen will, geht in dieses Museum im Nürnberger Osten, gleich neben der Tafelhalle. Auch diese ist ein Beispiel des industriegeschichtlichen Kontextes: Wo heute der Deutsche Kabarettpreis verliehen wird, stand früher ein Eisenwalzwerk.

Adresse Äußere Sulzbacher Straße 62, 90491 Nürnberg-St. Jobst | **ÖPNV** Straßenbahn 8, Haltestelle Tafelhalle | **Öffnungszeiten** Di–Fr 9–17 Uhr, Sa, So 10–18 Uhr | **Tipp** Das Metropolis, eins von Webers Programmkinos, ist nicht weit weg vom Stresemannplatz.

70__Der Neptun-Brunnen
Spritzkonzert im Stadtpark

Majestätisch steht er oben, den Dreizack in der rechten Hand, die linke in die Hüfte gestemmt. Mit Krone, Lendenschurz, Rauschebart und lockiger Mähne, so thront Neptun in gut sechs Metern Höhe neben dem Stadtparkweiher, während unter ihm aus Pferde-, Fisch- und Drachenmäulern das Wasser im hohen Bogen sprudelt, flankiert von halbnackten Frauen und nackten Knaben, die ebenfalls im Namen des griechischen Meeresgottes für schöne Fontänen im mitreißenden Spritzkonzert sorgen.

Seit 1962 befindet sich der monumentale Brunnen inmitten der Maxfelder Grünanlage, wo er ein rundes Steinbecken bekommen hat, in dem sich an heißen Tagen gern Kinder tummeln. Ein beschauliches Bild, das vergessen lässt, dass die frühbarocke Großskulptur schon viele Diskussionen, Kapriolen und Standortwechsel hinter sich hat. Zwischen 1650 und 1660 von Christoph Ritter und Georg Schweigger entworfen und verwirklicht, dauerte es bis 1694, bis die Bronzefiguren gegossen waren. Doch bevor das Original am Hauptmarkt aufgestellt werden konnte, wurde die Brunnengruppe nach St. Petersburg verkauft. Eine lange Sendepause folgte, bis Fritz Wanderer 1881 eine Initiative für eine Neptun-Kopie startete, die 1902 gegossen wurde und in die Mitte des Hauptmarktes kam.

Den Nationalsozialisten war der Brunnen aber ein Dorn im Auge, sodass er 1937 zum Marienplatz, dem heutigen Willy-Brandt-Platz, wanderte. Als der Stadtpark Anfang der 1960er Jahre aufgemöbelt wurde, wechselte der »Neptun« erneut seinen Ort. Den aktuellen halten viele Leute für ideal, doch trotzdem gibt es regelmäßig in Saure-Gurken-Zeiten einen Anlauf, um die spritzende Attraktion zurück zum Hauptmarkt zu bringen.

Nicht zuletzt aus Kostengründen siegte bis dato die Vernunft. Obwohl sogar der Inhalt der Info-Tafel, die vor Ort auf die bewegte Geschichte hinweist, für Wirbel sorgt. Nur den Mann mit dem Dreizack lässt das völlig kalt.

Adresse Am Stadtpark, 90409 Nürnberg-Maxfeld | **ÖPNV** U2, Haltestelle Rennweg oder Schoppershof | **Öffnungszeiten** Der Brunnen sprudelt tagsüber von Anfang Mai–Ende Okt. | **Tipp** Die »Straße der Kinderrechte«, die seit 2006 sukzessive von Kindern und Jugendlichen mit Unterstützung von Künstlern und Jugendamt entwickelt und gebaut wurde – ein schönes Pendant zur »Straße der Menschenrechte« beim Germanischen Nationalmuseum (siehe Seite 198).

71 Das Neue Museum

Nürnbergs Schaufenster zur Moderne

Lange wurde darum gekämpft. Dann, 2001, war es da – endlich. Groß war die Freude, doch schon bald war keiner mehr drin. Die Nürnberger zeigten sich überfordert von Ausstellungen, die nur einem kleinen Kreis von Eingeweihten etwas sagten. Namen wie Rémy Zaugg, Bridget Riley oder Tony Cragg waren so gut wie unbekannt in der Stadt. Die Besucherzahlen gingen in den Keller, das Haus glänzte mit imposanter Leere, wurde zum Synonym eines elitären Kunstbegriffs.

Dann, unter der Ägide von Angelika Nollert, wurde eine vorsichtige Öffnung angestrebt. Kunst und Publikum durften wieder zueinander. Die reine Lehre wurde abgelöst durch ein pragmatischeres Konzept, Verständlichkeit war nicht länger ein Makel, Enigmatisches nicht länger eine Auszeichnung. Nun zeigte das Haus jene Schätze, die es ja zweifellos hat. Gerhard Richter bekam gleich einen ganzen Raum mit Beispielen aus verschiedenen Schaffensperioden, Werke von Georg Baselitz und Günter Fruhtrunk waren zu sehen, Einzelpretiosen wie Hödickes »Melancholie« oder Richard Lindners »Telefone«. Letzterer hatte immerhin seine gesamte Jugend und Kindheit in Nürnberg verbracht, ehe er emigrierte. Daneben Horst Antes, Gotthard Graubner, Werner Knaupp, Penck und viele und vieles andere. Das von Architekt Volker Staab geniestreichartig entworfene Haus begann wieder zu leben.

Auch die Designabteilung wurde neu aufgemischt, die lange daniederliegende Kooperation mit der Neuen Sammlung in München erhielt neuen Schwung. Und man entdeckte den Klarissenplatz als zusätzliche Bühne. Die Kunst ging ins Freie und öffnete sich damit der Stadt. Verschreckte Kunstfreunde kehrten zurück. Erfreuten sich wieder an Volker Staabs hellen Räumen und der schneckenhausartig nach oben sich verjüngenden Wendeltreppe, und sie genossen Querschnitts-Ausstellungen wie »30 Räume. 30 Künstler«.

Das Staatsmuseum für zeitgenössische Kunst und Design, wie es offiziell heißt, war zurück in der Stadt.

Adresse Klarissenplatz, 90402 Nürnberg-Altstadt, Tel. 0911/2402069, www.nmn.de |
ÖPNV U1, U2, U3, Haltestelle Hauptbahnhof | **Öffnungszeiten** Di–So 10–18 Uhr,
Do 10–20 Uhr | **Tipp** Die offene Kirche St. Klara neben dem Caritas-Pirckheimer-Haus
um die Ecke lädt zum Meditieren ein (siehe Seite 156).

72 Der Nordostpark

Grüne Denkfabriken mit Welle und See

Die Modewelle war nicht aufzuhalten. Ausgelöst hatte sie »Silicon Valley«, wo sich in den 1970ern und 1980ern jede Menge Firmen aus der Welt von Hightech, Halbleiter, IT & PC ansiedelten. Und in einem solchen Tal wurde nicht mehr von Gewerbegebiet gesprochen, sondern von einem Park, was viel Grün, gute Luft und eine lockere Arbeitsatmosphäre implizierte.

Wer genauer hinschaute, spürte schnell das unsägliche Wortgeklingel angesichts der gleichförmigen Glasbetonklötze, die modern, aber steril wirkten. Folglich war Misstrauen angesagt, als 1998 das Gesamtkonzept für den Nordostpark präsentiert wurde. Dem abgehalftert wirkenden Gewerbeareal hinter der Thurn-und-Taxis-Straße, dessen Anfänge in den 1930er Jahren liegen, wollte das Unternehmen IVG ein ganz neues Flair verleihen. Und gleich der Auftakt war bemerkenswert: Nach einem Entwurf des US-Stararchitekten Kevin Roche wurden bestehende Gebäude umgestaltet und mit einer gläsernen Außenhaut verbunden.

Die langgezogene Welle sorgt seit Sommer 2001 für ein architektonisches Ausrufezeichen am nordöstlichen Eingangstor Nürnbergs, in dem Alcatal-Lucent nach Lösungen für die Zukunft sucht. Das Flaggschiff setzte Maßstäbe für die Entwicklung der 27 Hektar großen Fläche und zog viele Denker und Kreative an. Allen voran das Fraunhofer Institut und die Universität sowie junge Firmen aus dem Dunstkreis von Forschung und Technik.

Der Nordostpark füllte sich, und die IVG hielt Wort: Neben die neue Ringstraße und eine Kindertagesstätte zum Vorzeigen kamen Läden, Gaststätten, Liegestuhlwiesen, Bushaltestellen, Joggingstrecke, Leihfahrräder, Kunstausstellungen und der Mini-See. Flankiert vom geschickt integrierten alten Baumbestand und von sattem Grün an umrankten Fassaden pulsiert das Leben. Innovation ist Trumpf und macht vor Parkhäusern nicht halt: Diese flirrend-schwungvolle cognacbraune Außenhaut ist ein irrer Blickfang!

Adresse Nordostpark 16, 90411 Nürnberg-Schafhof, Tel. 0911/95287-0, www.nordostpark.de | **ÖPNV** Bus 22, 212, Haltestelle Nordostpark | **Tipp** Der Verkehrsübungsplatz Nürnberg ist seit 1966 der Ort für die erste Autofahrt und zum Üben. Zufahrt über den Bierweg, geöffnet Dienstag bis Freitag ab 12 Uhr und Samstag ab 9 Uhr bis zum Einbruch der Dunkelheit, maximal bis 19 Uhr.

73__Der Norisring

Der Sound von Monte Carlo

Flüchten oder genießen – dazwischen gibt es nichts, wenn Ende Juni das Rennsportwochenende ansteht und der Asphalt zwischen Bahnhof Dutzendteich, Steintribünen und Grundig-Türmen zu glühen beginnt. Anwohner in Zabo haben dann früh um acht das Gefühl, dass ihr Garten in die Luft fliegt. Doch auch 10, 15 Kilometer entfernt kann der Wind das Heulen, Röhren und Zähneklappern von 500 ungezügelten Pferdestärken hintragen, dass es einem ganz anders wird.

Im Mai 1947 jagten erstmals Motorräder über den Rundkurs, mit der Zeit überholten die Autos aber die Zweiräder. So etwas wie der Sound von Monte Carlo, wo auf dem noch etwas berühmteren Stadtkurs die Formel 1 startet, muss die Leute packen und anziehen. Weit über 100.000 Besucher kommen alljährlich zum Norisring, um sich freiwillig einen Satz heiße Ohren abzuholen. Trotz Ölkrise und steigendem Umweltbewusstsein stand das Rennen nie ernsthaft auf der Kippe. Der tödliche Unfall von Rennfahrer Pedro Rodriguez 1971 führte allerdings zu einer verkürzten Strecke von 2,3 Kilometern Länge.

Um die 80 Runden sind es beim DTM-Norisringrennen, das zur Deutschen Touren-Meisterschaft zählt. Bei dem Wahnsinnstempo ist es schwer, den Überblick zu behalten. Worin liegt also der Reiz? In der Gefahr, dass doch mal einer in die Leitplanken kracht? Oder ist es der Schlüssellochblick in die schnelle, schöne Glitzerwelt im Umkreis der Boxen(luder)?

Noch tagelang stehen nach dem Rennen die Reifenstapel und Reste der Fangzäune herum. Noch wochenlang sieht man fette schwarze Bremsspuren auf den Straßen, die manchen Autofahrer dazu animieren, auch mal einen auf Vettel zu machen. Seitdem ein nächtliches illegales Rennen tödlich endete, ist diese Raserei bei den Steintribünen aber passé. Der Geist vom Norisring sorgt dafür in Boxdorf und im Hafen immer wieder für wilde Wettrennen. Dagegen ist wohl kein Kraut gewachsen.

Adresse entlang der Zeppelinstraße, Beuthener Straße und den Steintribünen des Zeppelinfeldes, 90471 Nürnberg-Dutzendteich, www.norisring.de | **ÖPNV** S1, Straßen-bahn 6, Haltestelle Dutzendteich; Bus 55, 93, 96, Haltestelle Herzogstraße | **Tipp** Am Rennwochenende sollte man am besten schon am Freitag hingehen, wenn die Karten günstiger sind, weniger los ist und man beim ersten Training noch näher ans Geschehen herankommt. Ansonsten sind die Steintribünen unterm Jahr ein beliebter Trainingsplatz für Tenniscracks, die allein gegen die Wand spielen.

74__Die Offene Kirche St. Klara

Kirche modern, Spiegel des Lebens

Kirche als Spiegel des Lebens, realitätszugewandt, nicht als Ausdruck eskapistischer Weltflucht – welcher Gläubige würde sich das nicht wünschen?

St. Klara am Eingang zur Altstadt hat sich ebendies zur Aufgabe gemacht. Eine »offene Kirche« soll der Gläubige vorfinden, die Einzelseelsorge anbietet und mit ihrem Veranstaltungsspektrum Themen der Gegenwart aufgreift: »Sommerwind – Die Lust am Leben« heißt etwa ein Tanz-Workshop, »Feiern und fröhlich sein« ein anderer.

Da jedes Leben aber auch dunklere Seiten hat, gibt es unter dem Titel »Herzenskinder« auch eine Andacht für verwaiste Eltern, zur Unterstützung ihrer Trauerarbeit. Und eine »Trauerwand«, an der man seine Sorgen lassen kann.

Auch nachts öffnet sich die Kirche. Es gibt »Traumreisen« zu Musik und meditativen Texten, und damit das Ganze nicht zu fromm gerät, werden an einem Abend auch »fetzige irische Trinklieder« geboten, auch sie eine Facette dessen, was an »froher Botschaft« vermittelt (und gelebt!) werden soll. Oder man präsentiert eine Performance rund um das Thema »Wasser«; unmittelbarer kann man sich mit Schöpfung kaum auseinandersetzen.

Das alles in einer Kirche, die einladend ist und auch optisch durch das neue Konzept an ästhetischem Reiz gewonnen hat. Sie ist Kirche geblieben, kann aber durch oft verblüffende Licht-, Farb- und Deko-Effekte auch Raum für Neues bieten.

So lassen sich Glaubensinhalte vertiefen. Vor allem aber kann man damit Menschen gewinnen, die dem Glauben eher skeptisch gegenüberstehen.

Zur Klarakirche gehört auch das Caritas-Pirckheimer-Haus (CPH), benannt nach der ehemaligen Äbtissin des Klarissenklosters, die zur Zeit der Reformation eine bedeutende Rolle gespielt hat. Heute ist es Sitz der Katholischen Hochschulgemeinde.

Adresse Königstraße 64, 90402 Nürnberg-Altstadt, Tel. 0911/209702 (Cityseelsorge) | **ÖPNV** verschiedene Linien zum Hauptbahnhof, von dort fußläufig zu erreichen | **Tipp** Die historische Polizeiwache, früher schlicht »Hertie-Wache« genannt, heute am Eingang einer Einkaufspassage, lädt zur Besichtigung ein.

75_ Der Petra-Kelly-Platz

Grüne Verbeugung vor der Pionierin

Man nannte ihn 20 Jahre lang »Bauernplatz«. Nicht weil hier mal geackert worden wäre, sondern weil hier die Bauerngasse mit Knauer-, Petzolt- und Gostenhofer Hauptstraße verschmolz. Ein Straßenschild suchte man vergeblich, was kein Zufall war. Im Zuge der Stadtteilerneuerung hatte die Kommune zwar 15 zierliche Ahornbäume und eine Litfaßsäule gepflanzt, den Gehsteig verbreitert und Außenbestuhlung bei den Kneipen genehmigt, doch Autos durften weiter durchfahren, was trotz Tempo-30-Vorgabe kontraproduktiv für die Aufenthaltsqualität war.

Höchstens Gestrandete von der benachbarten Heilsarmee hielten sich mal länger auf. Die Idee mit dem Platz schien erledigt. Dann kam Architekt Udo B. Kloos, eröffnete Anfang 2009 seine Neoos-Design-Galerie und begann, das Areal vor der Haustür zu bespielen. Ein Liegestuhl am Strand wurde auf die Litfaßsäule tapeziert, wo später Herzensbotschaften oder mit Hilfe von festgeschraubten alten Fahrradschläuchen eine Tauschbörse auftauchte, während sich die Galerie wandelte und zuletzt eine Eisdiele beherbergte.

Den entscheidenden Schritt hat aber das Grün der Bäume gebracht, das allen voran die Gostenhofer Grünen an etwas erinnerte: Petra Kelly, ihre Parteimitgründerin, Vordenkerin und das Aushängeschild des ersten Bundesvorstands war mit Nürnberg eng verbandelt. Die große Friedensaktivistin und Ökologin hatte seit 1970 ihren Lebensmittelpunkt in Nürnberg, wo auch ihre Großmutter wohnte. 1980 und 1983 kandidierte sie im Wahlkreis Nürnberg-Nord für die Grünen, für die sie von 1983 bis 1990 im Bundestag saß. Das genügte, um im Juli 2011 eine Mehrheit für die Verbeugung vor der Grünen-Pionierin zu bekommen.

Seit der Umbenennung hat man das Gefühl, dass der Platz zunehmend Flair bekommt und zum echten Treffpunkt wird. Früher oder später wird es mit dem Durchgangsverkehr vorbei sein – und vielleicht wird dann auch eine Petra-Kelly-Statue folgen.

Adresse Petra-Kelly-Platz, 90443 Nürnberg-Gostenhof | **ÖPNV** U2, U3, Haltestelle Rothenburger Straße | **Tipp** Das Gasthaus »Braun«, Gostenhofer Hauptstraße 58, ist bekannt für seine gute Küche, man sollte also einen Tisch reservieren unter Tel. 0911/ 284876. Interessant ist auch das ehrwürdige Ökozentrum um die Ecke in der Hessestraße 4 inklusive vielen Umweltanlaufstellen und dem Lotos-Bioladen.

76 Der Philosophenweg

Wo der Atheist über Gott nachdachte

Zwölf Jahre, von 1860 bis zu seinem Tod 1872, lebte Ludwig Feuerbach am Rechenberg. Es war nicht seine glücklichste Zeit. Er trauerte den angenehmen Jahren als Privatgelehrter auf Schloss Bruckberg bei Ansbach nach. 1837 hatte er die reiche Fabrikantin Berta Löw geheiratet und war zu bescheidenem Wohlstand gekommen. Es folgten zwei herbe Schicksalsschläge: Die Tochter Mathilde starb im Alter von drei Jahren, und die Porzellanfabrik seiner Frau ging pleite. Die Feuerbachs zogen in den Nürnberger Osten, an den Rechenberg. Anfangs schwärmte er noch von der »schönsten Aussicht in der ganzen Umgegend Nürnbergs«, doch es sollte anders kommen.

Der Umzug war für den Philosophen mit einem sozialen Abstieg verbunden. Das bäuerliche Anwesen, in dem er nun hauste, empfand er als Zumutung. Eine »akustische Kloake« sei das, schimpfte er. Damit meinte er vor allem das ständige Hundegebell, aber auch Kindergeschrei und Straßenlärm. Materielle Not kam hinzu. Feuerbach lebte weitgehend von Stiftungen und Almosen. In der akademischen Welt drohte er in Vergessenheit zu geraten, sein berühmtes Werk »Das Wesen des Christentums« lag lange zurück. Nach mehreren Schlaganfällen starb er im Alter von 68 Jahren in »geistiger Dumpfheit«, wie es hieß. Ludwig Feuerbach liegt auf dem Johannisfriedhof begraben.

Die Bedeutung seines Denkens liegt vor allem in einer brillanten Erkenntnis begründet: Nicht Gott habe den Menschen geschaffen, sondern der Mensch habe sich Gott erschaffen, als lebenstragende Projektion sozusagen. Oder wie es in den Worten Feuerbachs heißt: als »entäußertes Selbst«. Soll heißen: Was allgemein und wesensbestimmend am Menschen ist, sein anthropologischer Kern, wenn man so will, wird von ihm nach außen projiziert und Gott genannt. Spätestens bei Freud taucht diese Idee wieder auf.

300 Meter misst der Nürnberger Philosophenweg. Seine Inspiration geht weit darüber hinaus.

Adresse auf dem Rechenberg, 90491 Nürnberg-Weigelshof | **ÖPNV** Bus 45, Haltestelle Bismarckschule; Straßenbahn 8, Haltestelle Tafelhalle | **Tipp** Einen Blick in den Nachthimmel sollte man sich nicht entgehen lassen. Gelegenheit dazu bietet die Sternwarte am Rechenberg (siehe Seite 196).

§ 50

„Nur das Menschliche ist das Wahre und Wirkliche"

Ludwig Feuerbach „Grundsätze der Philosophie der Zukunft" (1843)

77 __ Der Piknik Pide

Döner, Döner über alles!

Man schrieb das Jahr 1983, als sich in der Schnellimbisskultur abseits des amerikanischen Fast Foods eine neue Dimension auftat, die türkische Wurzeln hatte und ein kleines gastronomisches Beben auslöste. Und das Epizentrum lag in Nürnberg nicht in einer der Multikulti-Hochburgen von Gostenhof oder der Südstadt, sondern an einem Verkehrsknotenpunkt der bürgerlich-alternativen Nordstadt: am Friedrich-Ebert-Platz.

Anfangs rümpften noch etliche Anwohner die Nase über den Piknik Pide, was auf Deutsch Grillfladen heißt. Der zog am südlichen Rand des Kioskgebäudes ein und warf richtig fette Fleischdrehspieße an. Die qualmten, und es roch irgendwie anders. Nach Knoblauch, Zwiebel und fremden Gewürzen. Zudem zogen Döner Kebab, Börek, Schafskäsepizza, Chai-Tee und Co. erst mal vor allem Menschen mit Migrationshintergrund an, was die Szenerie neben dem Zeitungsstand doch deutlich veränderte.

Emin Böcü, der erste Imbisschef mit dickem Schnauzer und breitem Grinsen, verstand es bestens, die Einheimischen für den Döner zu gewinnen. Ein Schwätzchen hier, ein süßes Stückchen dort, einen Chai gratis – so wurden Gaumen geöffnet, Vorbehalte ab- und ein bunter Kundenmix aufgebaut. Irgendwann kamen außer Studenten und Taxifahrern auch Mütter und Schulkinder, um mittags mal schnell was Schmackhaftes zu essen. 1995 übernahm dann Familie Güroglu die Bude, weil Böcü als Imam zurück in die Türkei ging.

Selbst während des vierjährigen U-Bahnbaus, der den Piknik Pide vom zentralen Kiosk in ein verstecktes Provisorium zwang, kamen die Hungrigen aus aller Welt vorbei. Weil der türkische Imbisspionier zu einer Institution geworden war, hat er im neuen Komplex den alten Platz bekommen. Drinnen gibt es jetzt sogar Hocker, während die Fassade komisch holzlattenartig und mit Tarnfarben verkleidet wurde. Doch die Spieße drehen sich weiter – nach dem Motto: Döner, Döner über alles!

Adresse Pirckheimerstraße 68, 90408 Nürnberg-Nordstadt, Tel. 0911/1802700 | **ÖPNV** U3, Straßenbahn 4, Bus 34, Haltestelle Friedrich-Ebert-Platz | **Öffnungszeiten** täglich 7–24 Uhr | **Tipp** Mr. Bleck ist ein Imbiss mit normalen Backwaren, Snacks, Eis und Getränken – die zweite Anlaufstelle im Kiosk-Komplex am Friedrich-Ebert-Platz hat viel mehr Sitzplätze.

78 Die Platanenallee

Viele grüne Siegeszeichen

Man muss sich ihr vom Altstadtring nähern, weil sie von dort einfach am schönsten aussieht. Das hat damit zu tun, dass die stattlichen Platanen hier noch durchgehend zweireihig stehen. Zur Erinnerung: 1903 ist mit dem Bau des Prinzregentenufers eine Allee angelegt worden, die in der Stadt ihresgleichen sucht – und deshalb ist es kein Wunder, dass sie im Jahr 2004 als 39. Naturdenkmal in Nürnberg unter besonderen Schutz gestellt wurde.

Zu Ehren von Prinz Luitpold von Bayern, dem Sohn von Ludwig I., hat man die Prachtstraße oberhalb des südlichen Pegnitzufers in die Welt gesetzt. Damals befand sich alles noch auf dem Areal der Cramer-Klett'schen Maschinenfabrik, bekanntlich ein Vorläufer des heutigen MAN-Unternehmens. Auf Postkarten von 1922 wirkt die Allee ziemlich mickrig, doch im Laufe der Jahrzehnte haben die Platanen ein beeindruckendes Laubdach entwickelt. Und es färbt ab Ende April, wenn die Blätter zu sprießen beginnen, das Bild des Prinzregentenufers in einem zarten Grünton, der danach immer satter wird, bevor der Herbst Rot- und Brauntöne ins natürliche Farbenspiel bringt.

Ein paar Kastanien, Eichen und Ahorne mischen sich in die Phalanx der Platanen, die mit ihrer glatten, gefleckten Rinde ebenso malerisch wie mächtig wirken. Außerdem fällt auf, dass all die Stämme eine V-Form bilden – als wollten sie grüne Victory-, sprich: Siegeszeichen, sein. So besitzt die Allee in allen vier Jahreszeiten etwas himmelhoch Jauchzendes.

Es ist übrigens verblüffend, dass das 25 Meter hohe steinerne Reiterstandbild von Otto von Bismarck im vorderen Teil des Prinzregentenufers keine Chance gegen die Macht der Bäume hat. Nur die vielen parkenden Autos stören – das Naturdenkmal ebenso wie die Passanten beim Flanieren. Früher oder später werden sich diese Stellplätze in Luft auflösen – hoffentlich geht der Nürnberger Stadtrat einmal einen solchen Schritt!

Adresse Prinzregentenufer, 90489 Nürnberg-Wöhrd | **ÖPNV** U2, Straßenbahn 8, Haltestelle Wöhrder Wiese | **Tipp** Die Weinerei, Prinzregentenufer 5, ist ein Verein zur Förderung von Kunst und Kultur in Europa, wobei der Wein nicht zu kurz kommt, Freitag und Samstag ab 21 Uhr geöffnet.

79__Der Quelle-Turm
Fixpunkt mit verschollener Hand

Er ist von überall zu sehen, was schlicht daran liegt, dass dieser Turm in der westlichen Skyline keine Konkurrenz hat. Also reichen 90 Meter Höhe, um am Himmel zwischen Plärrer-Hochhaus und Klärwerk-Faultürmen überragend zu sein. Ursprünglich war der Quelle-Turm der Schlot des Heizhauses, das ab Ende der 1950er mit dem riesigen Versandzentrum samt Kaufhaus kam und das der Architekturprofessor Ernst Neufert für Gustav Schickedanz auf dem früheren Volksfestplatz geplant hatte.

Im Laufe der Zeit avancierte der 1965 errichtete Turm zum Wahrzeichen. Oben unter der Turm-Mütze montierte man das Firmensignet mit dem Q und der Hand. Aus heutiger Sicht ist es quasi der Anfang vom Quelle-Ende gewesen, als 2005 der Austausch in luftiger Höhe stattfand: Die prägnante »Quelle-Hand« wurde durch ein nichtssagendes Teil mit modernem Q plus @-Zeichen ersetzt. Und die neuen Werbezeichen leuchteten nachts so hell, dass die Nachbarn auf die Barrikaden gingen und die Schrift abgedunkelt werden musste.

Als Ende 2009 bei Quelle die Lichter ausgingen, ist es im Umfeld schlagartig ruhig geworden. Die Zeichen stehen inzwischen auf Veränderung. Die Stadt denkt mit potenziellen Investoren über künftige Nutzungen nach, ein Architektenwettbewerb hat Fingerzeige geliefert, aber ständig tauchen neue Ideen auf, die mit Kultur, Bildung, Büros und Einkaufen zu tun haben. Doch nichts Genaues weiß man bisher, weshalb erst mal verstärkt kreative Zwischennutzer eingezogen sind, wie gegenüber auf dem AEG-Areal.

Für den Quelle-Turm gilt: Da er seit 2005 wie der gesamte Komplex mit der Klinker-Glas-Fassade zwischen Wanderer- und Fürther Straße unter Denkmalschutz steht, bleibt der Fixpunkt mit der verschollenen Hand auf Dauer erhalten. Selbst wenn er eigentlich höchstens gebraucht wird, wenn die Feuerwehr mal wieder das Abseilen übt. Der Aufzug ist jedenfalls schon lange kaputt.

Adresse Wandererstraße 89, 90431 Nürnberg-Eberhardshof, Parkplätze direkt vor der Tür |
ÖPNV U1, Haltestelle Eberhardshof | **Tipp** Der witzige Stadtgarten mit vielen grünen
Pflanzkästen im Rahmen von »Green-Gardening« in der Wandererstraße, der auf einem
Ex-Quelle-Parkplatz die Chance zum Gärtnern auf kleinen Hochbeeten bietet, Infos dazu
unter www.bluepingu.de / stadtgarten.

80 Die Radrennbahn

Radler hinter schweren Motoren: Die Steherrennen

Nun knattern sie wieder. Vorn die Schrittmacher, auf den Trittbrettern ihrer Maschinen stehend, kerzengerade, die Hände weit draußen am gebogenen Lenker, hinter ihnen, wie Flöhe im Windschatten, die Rennfahrer. Zusammen heißt das Gespann Steher, was vermutlich vom englischen »to stay« kommt und mit Ausdauer zu tun hat. Denn miteinander dreht das ungleiche Paar Runde um Runde, nicht unter 100 Kilometer, so will es das Statut, häufig mehr. Nicht selten ist es mit Tempo 100 unterwegs.

Wichtig ist, dass der Rennfahrer hinten »nicht von der Rolle ist«. Damit ist die Rolle am Schrittmacher-Motorrad gemeint, die den Kontakt zwischen beiden herstellt. Lässt der Mann im Windschatten »abreißen« oder ist er gar »völlig von der Rolle«, wird es schwer, das wieder aufzuholen. Wie im normalen Leben eben auch.

Spätestens an Pfingsten, wenn die Bahn trocken ist, beginnt sie, die Saison der Steherrennen. Eine der letzten verbliebenen Rennbahnen deutschlandweit befindet sich am Reichelsdorfer Keller, südlich von Nürnberg. 1905 fand das erste Rennen im Waldstadion statt, das schon bald mit dem Luxus einer Holztribüne aufwarten konnte. Weit mehr als 500 Renntage hat es seitdem erlebt, darunter Europa- und Weltmeisterschaften.

Zehntausende wie zur Hochzeit dieses Sports kommen nicht mehr, dafür eine treue Fangemeinde, die sich am altmodischen Charakter dieser Rennen erfreut. Und die zu ihren Stars ein fast familiäres Verhältnis unterhält. Namen wie Horst und Gerhard Duschl, Klaus Burges oder Horst Gnas gehören in diesen Zusammenhang, bei den Schrittmachern Dieter Durst.

Noch finden große Rennen am Reichelsdorfer Keller statt, doch es ist absehbar, dass die Zeit dieses Sports zu Ende geht. Was die Zukunft angeht, so teilen die Steher das Schicksal von Männerchören und Hobbyfilmern: Der Nachwuchs interessiert sich nicht mehr dafür.

Adresse Kellerstraße 4, 90453 Nürnberg-Katzwang | **ÖPNV** S-Bahn 2, Haltestelle Reichelsdorfer Keller | **Tipp** Sowohl das Tanzcafé Reichelsdorfer Keller als auch das Parkcafé Rennbahn, einst ein berühmtes Varieté, passen ins nostalgische Ambiente dieses Vorortes.

81 Die Rockfabrik

Wo die Flying V wie ein Fels steht

Sie ist sieben Meter hoch, über eine Tonne schwer und nachts in der Klingenhofstraße nicht zu übersehen. Die angestrahlte Riesengitarre ist ein Blickfang und der ideale Wegweiser zur Rockfabrik-Disco. Dort sind Songs der härteren Gangart angesagt – und die Flying V, wie diese pfeilartige E-Gitarre heißt, gilt als Lieblingsinstrument der Saitenakrobaten aus der Abteilung Heavy & Metal.

Die »Rofa« gibt seit Februar 1996 den Ton an in der ziegelroten Resi-Margarine-Fabrik, die 1913 als ein schönes Stück der neubarocken Industriearchitektur entstanden war. 1971 kamen die Pleite und 15 Jahre Leerstand, bis sieben Eigentümer die Immobilie kauften.

Einer davon war die Neumarkter Lammsbräu, die natürlich an einer gastronomischen Nutzung interessiert war. So startete 1988 die neue Form der Nachtschicht mit der »Resi« als Flaggschiff in einem Nutzermix aus Büros, Lager, Spielsalons und Discos.

Nach einem starken Anfang ging es mit der »Resi« abwärts, was Mitte der 1990er Jahre zum Neustart mit den Schweinfurter Rockfabrik-Machern führte. Im großen Buttersaal wurde mit Hilfe von 100.000 Ziegelsteinen, 130 Tonnen Mörtel, 30 Tonnen Stahl und 50 Kilometern Kabel eine apokalyptische Kulisse geschaffen, in die man neben Motorrädern und Monstern auch ein Flugzeugwrack integriert hat. Ein knalliges Chaos-Szenario also, das mit so manchen Hard-Rock-Klassikern wie »Thunder«, »Highway to Hell« oder »Stairway to Heaven« prächtig harmoniert, die ebenso regelmäßig wie phongewaltig von DJs serviert werden.

Das neue Konzept hat sich schnell durchgesetzt, zumal man Platz gelassen hat für Pizzabäcker, Spielgeräte, Bar, Freilufterrasse und »Underground«-Club, wo auch Musik jenseits von Schwermetall läuft. 2011 war aber nach 15 Jahren die Zeit reif für ein felsenfestes Bekenntnis zum Heavy-Rock – in Form dieser von einem Schweinfurter Schmied angefertigten Flying-V-Skulptur.

Adresse Klingenhofstraße 56, 90411 Nürnberg-Klingenhof, Tel. 0911/565056, www.rockfabrik.de, großer Parkplatz auf dem Resi-Gelände | **ÖPNV** U2, Haltestelle Herrnhütte oder Nordostbahnhof, der Nightliner verkehrt zwischen 1 und 5 Uhr | **Öffnungszeiten** Do 21–4 Uhr, Fr, Sa 21–5 Uhr | **Tipp** In der Kneipe »Hirsch«, Vogelweiherstraße 66, in der Südstadt wird die Flying V noch von Live-Bands gespielt.

82 Die Rosenau

Ideales Schnittmuster für alle Oasen

Die Rosenau ist eine Grünanlage, die das Herz von Großstädtern höher schlagen lässt. Das fängt beim Café Kiosk an, wo an runden Bistrotischen alle Altersklassen anzutreffen sind. Zweijährige schlecken Eis, Studenten tippen in Smartphones, eifrige Zeitungsleser schlürfen Milchkaffee, in Ehren ergraute Musiker plaudern über die Euro-Krise, und eine gut gelaunte Mütterrunde hat vom schattigen Eckplätzchen einen Rundumblick auf die große Liegewiese und den Kinderspielplatz dahinter, wo ihre Kleinen herumhüpfen.

Der Park in der Rosenau ist übersichtlich angelegt, hat aber nette Nischen zu bieten. Mit Bänken für Liebespärchen, Platten für Tischtenniscracks, Liegen fürs Mittagsschläfchen oder dem Rondell mit rosa Rosen für die Blumenfans. Nicht zu vergessen: die Kieselwege am Rand, die ideal zum Boule-Spielen sind. So weht ein Hauch von Paris durch die Rosenau, wenn am frühen Abend die Kugeln klackern und anschließend mit einem Glas Pastis angestoßen wird.

Allerdings gab es im Frühjahr 2011 mächtig Ärger, weil der Servicebetrieb Öffentlicher Raum der Stadt Nürnberg meinte, die Boule-Spieler vertreiben zu müssen. Hunderte von Unterschriften sorgten schließlich für die Rücknahme des Verbots.

Über das Schild mit den neuen Park-Regeln hat jemand inzwischen Hammer und Sichel gesprüht – der Fingerzeig mit dem Kommunismus passt irgendwie ebenso hierher wie die Tafel der Frauenrechtlerin Clara Zetkin am Kioskpfeiler. Völker, hört die Signale und merkt euch: In dieser Oase kommen alle prima miteinander klar, inklusive Tai-Chi-Gruppen und Literatenrunden.

Das Rosenau-Konzept wäre also ein ideales Schnittmuster für andere Grünanlagen. Und da der Brunnen nur leise plätschernd an die alten Zeiten mit dem nach 1945 zugeschütteten Weiher erinnert und die Beleuchtung bewusst sparsam gehalten ist, wird es in der Regel abends schnell ruhiger. Das freut die Nachbarn.

Adresse Bleichstraße 5, 90429 Nürnberg-Rosenau | **ÖPNV** U1, U2, U3, Haltestelle Plärrer; Straßenbahn 4, Haltestelle Obere Turnstraße | **Öffnungszeiten** Café Kiosk 9–22 Uhr, allerdings nicht bei schlechtem Wetter | **Tipp** Das »Balazzo Brozzi« am Rand der Rosenau in der Hochstraße 2 ist eine Kneipe, die seit über 30 Jahren nicht zuletzt wegen des wunderbaren Frühstücksbüfetts am Sonntag beliebt ist, täglich geöffnet von 9 bis 23 Uhr.

83 Die Rundkapelle Altenfurt

Schutz und Heiliger Geist unterm Hütchendach

Wie zwei dicke, aneinandergewachsene Pilze sieht sie aus, die Altenfurter Rundkapelle. Der romanische Sandsteinbau mit dem hütchenartigen Dach ist Nürnbergs ältestes erhaltenes Heiligtum, eigenwillig, sagenumwoben, geheimnisvoll in der Entstehung. Kaiser Karl der Große, so will es die Legende, soll hier übernachtet haben, nachdem er sich im Wald verirrt hatte. Zum Dank ließ er die Rundkapelle in Form eines Reliquienzeltes bauen.

Gut möglich aber auch, dass der Bau erst später entstand. Erstmals urkundlich erwähnt ist er 1225. Lange Zeit gehörte er zum Egidienkloster in Nürnberg, also zum Orden der Benediktiner, ehe er durch die Reformation an Bedeutung verlor. Während des Dreißigjährigen Krieges hatte er mit seiner mehr als einen Meter dicken Mauer, den gucklochartigen Fenstern und einem Durchmesser von 5,60 Metern eine Schutzfunktion für die Bewohner des Altenfurter Klosterguts. Das zeigt nicht zuletzt der in vier Schichten angelegte Fußboden.

Später wurde der Sakralbau profaniert, Kartoffeln wurden eingelagert, Tiere bekamen ihn als Stall. 1950 erwarb die Gemeinde das Grundstück. Sie renovierte die Kapelle und weihte sie neu. Schon bald fanden wieder Taufen und Trauungen an dem beliebten Ort statt.

Seit 2009, immer im Oktober, ist die Rundkapelle Ziel der Sebalduswallfahrt. Sie soll ein Dankeszeichen setzen für die Errettung aus Kriegsnot. Die Wallfahrt hat eine lange Tradition, an die die katholische Jugend am Ort mit ihrer Initiative erinnern will.

Sehenswert gleich nebenan auch das Scheurl'sche Schlösschen mit seinem Rokokosaal und dem schönen Garten. Zwei diskrete Preziosen im Osten der Stadt.

Wie sich Bayreuth mit seinem »Kappl« schmückt, so hat Nürnberg seine Altenfurter Rundkapelle.

Adresse Leonard-Übler-Platz, 90475 Nürnberg-Altenfurt | **ÖPNV** Bus 56, 96, Haltestelle Altenfurt | **Öffnungszeiten** täglich 9–18 Uhr | **Tipp** Ein Rundgang durch Altenfurt, das seit 1972 Stadtteil von Nürnberg ist, lohnt sich besonders, wenn die Händler zum »Altenfurter Boulevard« einladen.

84 Der Saal 600

Wo die Nazi-Größen verurteilt wurden

Man übertreibt nicht, wenn man sagt, dass hier Weltgeschichte geschrieben wurde, im Justizpalast in der Fürther Straße im Saal 600, der bis zum heutigen Tag der Nürnberger Justiz als Sitzungssaal dient. Vom 20. November 1945 bis zum 1. Oktober 1946 fanden hier unter Vorsitz der Alliierten die Nürnberger Prozesse statt. Angeklagt wegen Kriegsverbrechen und Verbrechen gegen die Menschlichkeit waren Nazi-Größen wie Hermann Göring, Albert Speer, Rudolf Hess, Alfred Jodl, Ernst Kaltenbrunner und andere. In zwölf Fällen lautete das Urteil auf Tod durch den Strang, drei lebenslange und vier langjährige Haftstrafen wurden ausgesprochen, drei Angeklagte kamen frei. Zwischen 1946 und 1949 fanden zwölf weitere Prozesse statt, bei denen sich Berufsgruppen wie SS- und Polizeiführer, Wehrmachtsoffiziere, Beamte und Industrielle zu verantworten hatten.

Es war kein Zufall, dass für diese Prozesse ausgerechnet Nürnberg ausgesucht wurde. Zum einen wollten die Amerikaner, dass die Verfahren in ihrer Besatzungszone über die Bühne gingen, zum anderen bot Nürnberg mit der Verbindung von Gericht und Gefängnis gleich nebenan ideale logistische Voraussetzungen. Hinzu kam die Rolle, die die Stadt in der Zeit des Nationalsozialismus gespielt hatte. So bestand eine gewisse Symbolik in der Tatsache, dass diese Prozesse nicht irgendwo, sondern in der Stadt der Reichsparteitage stattfanden.

Seit Kurzem können sich die zahlreichen Besucher in einer Dauerausstellung im Dachgeschoss des Justizpalastes über das Thema informieren. Auf Initiative der Museen der Stadt wurde das Memorium Nürnberger Prozesse eingerichtet. Auf 700 Quadratmetern bekommt der Besucher anhand von Schautafeln und historischen Objekten wie der Anklagebank oder dem Stuhl des Chefanklägers Robert H. Jackson einen weitgehend authentischen Eindruck des Geschehens.

Nicht zuletzt die ausländischen Touristen sind es, die das Angebot gern annehmen.

Adresse Memorium Nürnberger Prozesse, Bärenschanzstraße 72, 90429 Nürnberg-Gostenhof | **ÖPNV** U1, Haltestelle Maximilianstraße | **Tipp** Da die meisten Verhandlungen im Justizpalast öffentlich sind, bietet sich ein Besuch geradezu an.

85__Der Salon Regina

Wie im zweiten Wohnzimmer

Es könnte daran liegen, dass Konditoren jahrzehntelang Wärme erzeugt haben, die in den Jugendstilmauern gespeichert ist und bei Bedarf abstrahlt. Das wäre eine Erklärung, warum selbst bei Minusgraden Leute vor dem Salon Regina sitzen.

Eine andere könnte einfach die Lage an der schnurgeraden Fürther Straße sein, wo den ganzen Tag Verkehr ist und immer was Heißes passieren kann.

2004 hat die gastronomische Quereinsteigerin Heike Stahl ihren Salon eingerichtet. Beim Ambiente dominiert ein liebevoller Retrostil, der bei Blümchentapeten anfängt, bei zwei gigantischen Bergwelt-Schwarz-Weiß-Fotos weitergeht und beim witzig gemixten Spät-Fuffziger-Mobiliar samt Kaugummiautomat aufhört. Ein Ort zum Entdecken also, weshalb der Salon schnell zum zweiten Wohnzimmer im beliebten (Multi-)Kult(i)-Stadtteil geworden ist. Und das generationenübergreifend und nicht nur bei Gostenhofern.

Der enorme Wohlfühlcharakter hat sicher auch damit zu tun, dass das »Regina« mitten in der Großstadt an eine Kleingartengaststätte erinnert. Der Zwerg auf der Theke passt ebenso wie Oleander, wilder Wein und Fransensonnenschirme draußen vor der Tür.

Eine Schau für sich ist die Speisekarte, die voller ästhetischer und kulinarischer Feinheiten steckt und als Sammlerstück gilt. Inhaltlich wird der Bogen von den 1950ern bis in die Gegenwart gespannt, was heißt: Afri Cola und Fritz Kola gibt es ebenso wie Almdudler und Yogilatte. Und der Kir »Regina« mit Prosecco auf Eis und Cassis beißt sich nicht mit dem neuen Schanzenbräu-Gerstensaft, der im Westen Nürnbergs gebraut wird. Bis 14 Uhr werden für Zwei- und Vierbeiner diverse »Gute Morgen Sonnenschein«-Frühstücke serviert, während unter den sonstigen »INbissen« die Currywurst mit hausgemachter Soße ganz klar der Renner ist. Und sehr nett: Pflaster, Taxi-Ruf, Tampons und Haarspray sind gratis. Da fühlt man sich gleich wie daheim.

Adresse Fürther Straße 64, 90429 Nürnberg-Gostenhof, Tel. 0911/9291799 | **ÖPNV**
U1, Haltestelle Bärenschanze; Bus 34, Haltestelle Gostenhof-West | **Öffnungszeiten**
Mo−Sa 10−1 Uhr, So bis circa 24 Uhr | **Tipp** »Fachmarie« ist die kreative »Glücksboutique«,
die nicht mehr Liebling heißen darf, weil ein gleichnamiges Geschäft in Berlin auf dem
Rechtsweg eine Namensänderung durchdrückte, 200 Meter Richtung Plärrer in der Fürther
Straße 50, wo man die schönen Kissen und Wärmflaschen aus dem Salon Regina kaufen kann.

Was man sonst noch braucht
..........für's Glück

Chips	1,50 €
Nüsse	1,50 €
Eine Zigarette	0,30 €
Pflaster	gratis
Sonnencreme	gratis
Taxi Ruf	gratis
Stift und Zettel	gratis
Streichhölzer	gratis
Zahnstocher	gratis
Tampon	gratis
Haarspray	

Extras

Butter	0,60 €
Nutella	0,60 €
Marmelade	0,80 €
Honig	1,20 €
Semmel	1,50 €
Croissant	
Brotkorb	1,00 €
gekochtes Ei ohne Garantie ...	3,50 €
manchmal hart, manchmal weich, manchmal dazwischen	
Teller Käse oder Schinken²·³	2,50 €
Teller Tomaten und Gurken	4,50 €
Teller Tomaten und Mozzarella	2,50 €
Schälchen Obst	

86__S'Baggers

Essen mit Achterbahn-Feeling

Zuerst denkt man an eine Spielfabrik. So fröhlich schaut das gelb-blaue Haus im Industriegebiet aus, so verspielt wirken die silbernen Schienen, die draußen sogar in einem Wigwam landen. Drinnen bekommt man am Empfang eine Plastikkarte in die Hand gedrückt, Tisch und Platz zugewiesen – und schon geht's hoch in das Restaurant, das seit Juni 2007 für eine neue Dimension in der Gastrowelt sorgt. Ausgedacht hat sich das Ganze mit Michael Mack ein Nürnberger Unternehmer, dessen S'Baggers-Konzept auch schon in Hamburg oder im Europapark Rust Furore macht.

Die Attraktion ist ganz klar das Achterbahnfeeling, mit dem das Essen aus der Küche mit Hilfe der Schwerkraft nach unten saust. Mit Schmackes und je nach Tisch mit drei bis zehn Ehrenrunden, bis das Töpfchen mit den über den Deckel gespannten Minitopflappen über den runden Tischen landet, die mit Drehscheiben für Besteck, Teller und Touchscreen-Bestellbildschirm verbunden sind.

Angesichts der Rasanz darf man Vor-, Haupt- und Nachspeise keinesfalls gleichzeitig ordern. Im Prinzip ist die S'Baggers-Welt aber idiotensicher, zumal ein Kellner bei Bedarf hilft. Beim ersten Mal sollte man die digitale Speisekarte genau studieren, und ein paar Fränkisch-Kenntnisse sind von Vorteil, selbst wenn eine hochdeutsche Übersetzung unter den Gerichten wie »Glubbererschdeeg mit Rösdzwiebllln, Bodaggn & Dipp« steht.

Mit Fast Food hat das Ganze nur beim Tempo des Auslieferns zu tun, ansonsten sind Frische bei Zutaten und Zubereitung angesagt, selbst beim »Schwangerschafdsdesd«, bestehend aus gegrillten Hackfleischbällchen, Spätzle und Champignonrahmsauce. Mag die Geräuschkulisse an eine Kegelbahn und das Ambiente an eine Roboterfabrik erinnern: Das S'Baggers ist ein Erlebnis. Und die Supershow läuft an Tisch 15, wo Töpfe und Getränke einen Salto schlagen. Gewagt und pfiffig – wie das Vanilleeis mit Himbeeren, das »Unser Beitrag für eine bessere Welt« heißt. Aber gern!

Adresse Am Steinacher Kreuz 28, 90427 Nürnberg-Schmalau, Tel. 0911/4779090, www.sbaggers.de, Parkplatz ganz in der Nähe | **ÖPNV** Bus 20, 28, 29, Haltestelle Steinacher Straße | **Öffnungszeiten** Di–Sa 17–23 Uhr, So, Feiertage 11.30–23 Uhr | **Tipp** Der Gasthof »Bammes« im Knoblauchsland in der Bucher Hauptstraße 63 ist eine ehrwürdige Lokalität, deren Anfänge ins 15. Jahrhundert zurückgehen: old style, but good style!

87_ Der Schnepperschütz

Volltreffer am Hallertor

Gute 100 Meter von der Sandsteinmauer entfernt, kniet der Typ mit gespannter Armbrust. Seit 1904 zielt der Schnepperschütze auf dem Sockel des Brunnentrogs, einen Pfeil hat er aber noch nicht abgeschossen, weil es sich ja nur um eine Skulptur handelt, die an alte Schießwettbewerbe erinnert, die von Mitte des 15. bis weit ins 18. Jahrhundert in der Hallerwiese stattfanden.

Die Grünanlage gilt als älteste ihrer Art außerhalb der Stadtmauer, einst spendiert von der Familie Haller. Und dieser historische Hintergrund war dem hiesigen Künstler und kreativen Gastronomen Ralf Siegemund bewusst, als er den ersten Pfeil für seine Idee ins Rathaus abfeuerte. Die Ausgangslage war durchaus diffizil. Um unter dem Hallertor ein Tagescafé einrichten zu können, musste ein verrufenes stilles Örtchen aufpoliert werden, das jahrelang geschlossen war.

2009 hat es mit Umbau und Eröffnung geklappt. Und schnell entpuppte sich der »Schnepperschütz« als Hit. Nun ist es stets ein Grund zum Jubeln, wenn ab Mitte April die fünf (und zeitweise bis zu zehn) roten Sonnenschirme samt Bistromobiliar, Zeitungshalter, Stehtisch und schwarze Tafeln vor der Sandsteinmauer auftauchen. Eine ideale Schleuse ist das, wo man sich vor oder nach einem Altstadtabstecher gern mal eine Auszeit gönnt, bei Cappuccino und Landbrot mit leckerem Brotaufstrich zum Beispiel.

An lauen Abenden ziehen die letzten Sonnenstrahlen so viele Leute an, dass die Treppe aufwärts mit Wein kauenden »Schnepperern« voll ist. Ein perfekter Ort, den auch Ex-Club-Trainer Hans Meyer gern morgens besucht. Und Siegemunds Glücksgriff hat sogar schon die Frankfurter Allgemeine Sonntagszeitung in einem Beitrag über anderweitig reaktivierte öffentliche Toilettenhäuser gewürdigt. Durch den »Schnepperschütz« gibt es übrigens auch wieder ein WC an der Hallerwiese, das man ohne Nasenzwicker benutzen kann. Ein Volltreffer!

Adresse Am Hallertor 3, 90403 Nürnberg-Altstadt | **ÖPNV** Straßenbahn 4, 6, Haltestelle Hallertor | **Öffnungszeiten** Mitte April–circa Ende Okt. Mo–Fr 7.30–22 Uhr, Sa, So ab 10 Uhr | **Tipp** In der »Zwinger Bar« in der Lorenzer Straße 23 gegenüber der Kunsthalle, die auch Ralf Siegemund konzipiert hat, gibt es regelmäßige Live-Konzerte, zum Beispiel jeden Montag ab 21 Uhr die Session des Jazzmusikervereins.

88 Die Sebalduskirche

Wo der Stadtpatron ruht

In dieser Kirche ruht Nürnbergs Stadtpatron, der heilige Sebald. Über ihn gibt es wilde Gerüchte. Mit leuchtenden Fingerspitzen soll er unterwegs gewesen sein, der Eremit aus dem Reichswald, bei Regensburg sei er auf seinem Mantel über die Donau geschwebt, und einem Bauern habe er das verirrte Vieh zurückgebracht. Ein echter Teufelskerl eben, der Mann mit dem Vollbart und dem Hut mit hochgebogener Krempe, auf der eine Muschel zu sehen war.

Und weil dieser Sebald verfügt hatte, da begraben zu werden, wo sein Ochsenkarren dereinst stehen bleiben werde (und dies vor der kleinen Petruskapelle unterhalb des Burgbergs geschah), wurde ihm da ein imposantes Hochgrab errichtet und außenherum eine Kirche gebaut: die Sebalduskirche. Das Grab aber stammte von Peter Vischer, dem Erzgießer vor Ort, der damit seinen Ruhm beträchtlich mehrte. Zusammen mit seinen Söhnen war er in Italien gewesen und hatte eine ganz andere Lebensauffassung mit nach Hause gebracht. Heiter, verspielt, mit erotischen Anklängen, lebensfroh.

88 zumeist nackte Engel singen, musizieren und sind albern, vier Delphine, Symbol der Menschenfreundlichkeit, und zwölf Schnecken, Symbol der Auferstehung, tragen das Weltengebäude, das bei aller Materialschwere etwas schwebend Leichtes, Unbeschwertes ausstrahlt. Ausgesprochen filigran zeigt sich das schwere schwarze Erz in diesem Wechselspiel von Diesseits und Jenseits, so bei der Darstellung der zwölf Apostel, die die gegenwärtige Kirche repräsentieren, oder bei den sechs Legenden aus dem Leben des heiligen Sebald. Und über allem schwebt das Jesuskind, die Weltkugel in der Hand.

Ein echtes Meisterwerk, inspiriert vom Geist der Renaissance und der damit verbundenen Aufbruchsstimmung in Italien, ist Peter Vischer mit diesem Grabmal gelungen. Es fügt sich würdig ein in die Sebalduskirche und bringt eine optimistisch-heitere Note in den Altarraum.

Adresse Albrecht-Dürer-Platz 1, 90403 Nürnberg-Altstadt | **ÖPNV** Bus 36, 94, Haltestelle Rathaus | **Öffnungszeiten** täglich 9.30–16 Uhr (Winter), 9.30–20 Uhr (Sommer) und zu Veranstaltungen | **Tipp** Der Sebalder Platz vor der Kirche wird jedes Jahr bei der Blauen Nacht in ein besonderes Licht getaucht – sehr sehenswert!

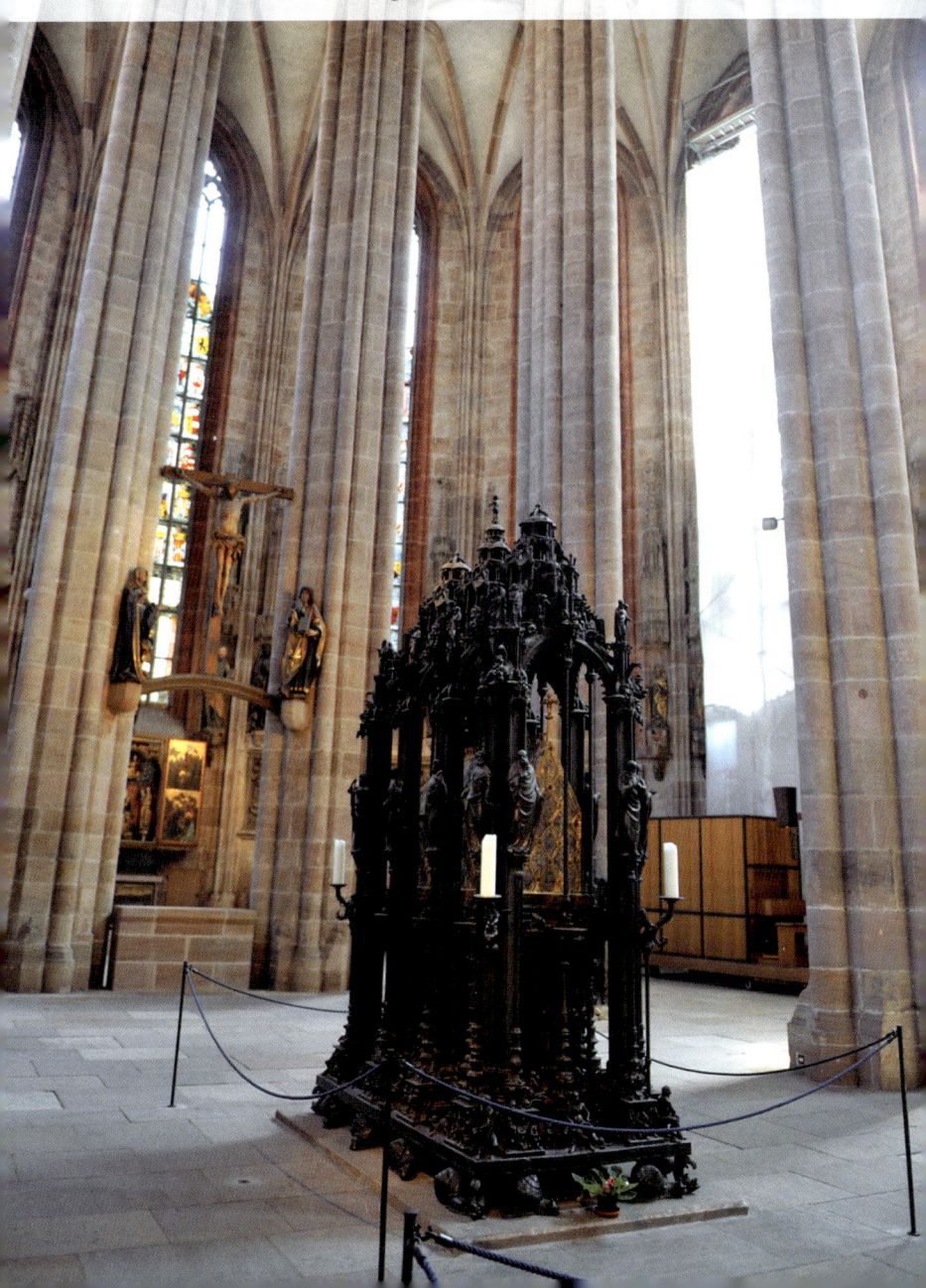

89 Der Skater-Pool

Kühne Sprunge auf heißen Rädern

Das kräftige Himmelblau sieht man nur noch auf Videos. Im Herbst 2011 ist der Skater-Pool knallrot gestrichen worden. An ein paar Stellen kommt das Blau trotzdem schon wieder durch. Was beweist, dass der »Bowl« intensiv genutzt wird. Also war es eine gute Idee, dass die Stadt 2007 auf dem Gelände der alten Müllverbrennungsanlage eine Anlage für junge Leute gebaut hat, die leidenschaftlich auf heißen Rädern unterwegs sind.

Es hat letztlich etwas länger gedauert, bis das 1,20 Meter tiefe Sprungbecken mit all seinen Zusatzelementen zum Abheben, Gleiten, Schlittern, Abstoppen und Vollführen halsbrecherischer Kunststücke fertig war. Und auf der Skatepark-Homepage wird heute noch darüber gelästert, dass die Stadt anfangs keinen Betonboden bauen wollte, sondern Asphalt, der schnell bröselig geworden wäre. Das konnte die geballte Kritik der Skater-Szene verhindern. Vor allem für Jungs zwischen sechs und 17 Jahren (mitunter auch älter) ist der Pool zu einem Lieblingsort geworden, wo sie mit Skateboards, BMX-Rädern oder Minirollern oft von Schulschluss bis Sonnenuntergang herumtollen.

Jeder zeigt, was er drauf hat. Und in Cliquen sitzen sie draußen und schauen zu. An Wochenenden könnte der Pool gern doppelt so groß sein. Dann geht es so eng zu, dass sich BMXer und Skater schon mal ins Gehege kommen und gemeinsam über die Rollerfahrer geschimpft wird.

Trotzdem geht es am Pferdemarkt in der Regel zivilisiert zu. »Hey, ich will was sehen!«, ruft einer in die Runde. Und dann fliegen Jungs durch die Luft, dass es kracht und scheppert.

Klar kommt es vor, dass einer unsanft auf dem Hintern landet. Gelacht wird aber nicht, auch nicht geheult. Cool reimt sich auf Pool. Nebenan kicken derweil andere Jungs im Fußballkäfig, und einen Steinwurf weiter toben die Kleinen auf ihrem Spielplatz. Darunter sind garantiert welche, die eines Tages im Pool herumkurven.

Adresse Am Pferdemarkt, 90439 Nürnberg-St. Leonhard, Parkplätze um die Ecke an der Amsel- und Schwabacher Straße | **ÖPNV** U2, Haltestelle Rothenburger Straße; S2, Haltestelle Steinbühl | **Öffnungszeiten** Mo–Sa 8–20 Uhr, So ab 9 Uhr, April–Okt. bis 21 Uhr | **Tipp** An der Neugestaltung der Skateranlage im Spittlertorgraben ist der Verein Skateboardfreunde Nürnberg auch wieder intensiv beteiligt.

90 Spielplatz für alle Generationen

Wo der Opa den Tarzan macht

Warum ist man nicht schon viel früher auf die Idee gekommen? Das fragt man sich, wenn man im Eibacher Wäldchen zwischen Motter- und Hinterhofstraße auf einem Spielplatz steht, der aus dem gewohnten Rahmen fällt. Da ragen vier Metallrohre mit Trichter aus dem Boden, die zum »Hallo!«-Rufen animieren. Kinder strecken sich, Erwachsene bücken sich, Opas grinsen und machen auch mit.

Man schrieb das Jahr 2006, als in Nürnberg kreative Spielplatzplaner wie Rudolf Zeevaert auf eine Idee kamen, die mit dem demografischen Wandel zu tun hat, aber auch damit, dass sich Leute über 50 fit halten wollen und selbst 82-Jährige gut daran tun, sich regelmäßig zu bewegen. So entstand das Konzept der Seniorenspielplätze, wobei der Name auf Widerstand stieß. Folglich heißen sie nun Bewegungspark oder Spielplatz für alle Generationen, wie der in Eibach, der auf seine Art beispielhaft ist.

Jeder kommt auf seine Kosten: Am Rand gibt es einen Streetballplatz für Jugendliche und den Kinderspielplatz, dazwischen ist die gemischte Zone, wo Wipp- und Drehscheiben, Balanciertaue, die wackelige Hängebrücke und die vier Quassel-Rohre für alle da sind. Über Stock und Stein, auf einem Hügel und zwischen Hecken können sich drei Generationen vergnügen. Ebenso auf der großen Kletterburg, die um eine stattliche Eiche gebaut wurde, oder mit der Seilbahn, auf der auch Opas einen auf Tarzan machen können.

Bei ein paar Spezialgeräten können vorrangig Erwachsene ihre Muskeln trainieren und die Sinne schulen. Da Altenheime in der Nähe sind, gibt es genügend Stammgäste. Anlagen wie diese, die es in ähnlicher Form im Stadtpark, in der Breslauer Straße in Langwasser, im Pegnitztal-West und beim Martha-Maria-Seniorenzentrum in Erlenstegen gibt, sind zu Aushängeschildern geworden: Die Stadt Nürnberg gewann damit 2009 den Deutschen Spielraum-Preis.

Adresse Hinterhofstraße, 90451 Nürnberg-Eibach | **ÖPNV** Bus 61, Haltestelle Mühlfeldstraße | **Öffnungszeiten** täglich 8–20 Uhr | **Tipp** Die Schleuse Eibach im Hafen an der Wiener Straße (kurz nach dem Marthweg) sollten die Senioren mit Enkeln am besten per Fahrrad entlang des Main-Donau-Kanals ansteuern – ein Highlight am Rand des Hafens!

91 Das Spielzeugmuseum

Alles, was Kindern Spaß macht

Klar, Barbie, Asterix, Obelix, Lego und Playmobil kennt jeder. Halma und Schach und Mensch ärgere dich nicht ebenfalls. Aber seit wann gibt es eigentlich Spielzeug? Schwer zu sagen, auf alle Fälle ist es älter, als man denkt. Zum Beispiel die Taube, die, auf einem Rad balancierend, im Eingangsbereich des Spielzeugmuseums steht. Auf knapp 2.000 Jahre bringt sie es. Eine Terracotta-Figur, nicht sehr elegant, aber doch gut zu erkennen. Jesus, von dem man nicht weiß, ob er überhaupt gespielt hat, könnte mit ihr gespielt haben. Daneben Spielzeug aus dem alten Ägypten. Winzige Figürchen, Tiere, Puppen aus Gips, Holz und Knochen. Grabfunde haben ergeben, dass bereits im 2. Jahrhundert vor Christi Geburt Spielzeug existiert hat. Ein menschliches Grundbedürfnis offenbar, das Spielen.

Das Spielzeugmuseum, im schönen Hackerschen Renaissance-Haus untergekommen, versucht dem Rechnung zu tragen. Auf vier Etagen versammelt es Spielzeug von der Antike bis in die Gegenwart. Rund 65.000 Objekte sind zu sehen, vom winzigen Kaffeeservice in der Puppenstube über die Modelleisenbahn bis zum Tischfußball. Nur die elektronischen Spielsachen sucht man vergeblich. Sie fehlen auch im Freispielbereich »Kids on Top« im Dachgeschoss, wo das Spielzeug nach 1945 zu sehen ist.

Besondere Attraktionen sind die bereits erwähnte Modelleisenbahn (leider nur einmal im Monat in Betrieb), das Café Lakritz im Innenhof sowie die liebevoll inszenierten Puppenhäuser und Puppenküchen. Nürnberg gilt als Wiege der Puppenhauskultur. Bereits im Mittelalter war Dockenmacher (=Puppenmacher) hier ein bekannter Beruf. Im 19. Jahrhundert kam die fabrikmäßige Fertigung hinzu.

Seit die Stadt 1949 Ort der Internationalen Spielwarenmesse wurde, gilt sie als Welthauptstadt des Spielzeugs. Das Museum zeigt einen überzeugenden kulturgeschichtlichen Querschnitt. Was leider etwas kurz kommt, ist das Spielen selbst.

Adresse Karl-Straße 13–15, 90403 Nürnberg-Altstadt | **ÖPNV** Bus 36, 94, Haltestelle Rathaus | **Öffnungszeiten** Di–Fr 10–17 Uhr, Sa, So 10–18 Uhr, | **Tipp** Die Info-Säule unter dem Dach zur Geschichte der Spielwarenmesse aufrufen.

92__Das Staatstheater

Sie wollen doch nur spielen

Seit 2005 sind die ehemals Städtischen Bühnen zum Staatstheater avanciert. Damit ist das 3-Sparten-Haus, das zuvor nur sehr gelegentlich in der überregionalen Berichterstattung auftauchte, rein nominell in die erste Reihe der deutschsprachigen Bühnen gerückt. Eine Einladung zum Berliner Theatertreffen, wo sich die Crème de la Crème trifft, hat es jedoch ebenso wenig gegeben wie eine rühmende Erwähnung in »Theater heute«, dem Zentralorgan aller Bühnenschaffenden. Beides ist sehr hochgegriffen, schon klar, aber wenn das Staatstheater Schwerin mit Hauptmanns »Biberpelz« dabei ist, warum nicht auch Nürnberg? Dabei hat das Nürnberger Theater, seit 1905 am Ring untergekommen, durchaus seine Meriten. Das Opernhaus, 1905 mit der Festwiesen-Szene aus Wagners »Meistersingern von Nürnberg« eröffnet und in seinem Stilmix aus Renaissance, Barock und Jugendstil eins der schönsten im Lande, erwarb sich einen Ruf als experimentierfreudiges Musiktheater. Die Namen Hans Werner Henze, Luigi Nono sowie Hans Neuenfels mit seiner Inszenierung von Verdis »Troubadour« stehen für diese Entwicklung. Und eine große Karriere begann am Nürnberger Opernhaus: Christian Thielemann gab hier als Generalmusikdirektor seine ersten Dirigate.

Auch im Sprechtheater versucht man seit einiger Zeit, ganz vorn mitzuspielen. Regiearbeiten von Georg Schmiedleitner (»Die Räuber«) oder Christoph Mehler (»Richard III.«) unterstreichen das ebenso wie die sehr schnelle Präsentation des neuen Handke-Stückes »Immer noch Sturm« oder Sybille Bergs »Nur nachts«. Allemal sehenswert auch Roland Schimmelpfennigs »Der goldene Drache«. Daneben Bewährtes wie Yasmina Rezas »Gott des Gemetzels« oder die Chippendales-Persiflage »Ladies Night«.

Und natürlich gibt es nach wie vor Darsteller im Ensemble, deretwegen man ins Theater geht: Jutta Richter-Haaser, Michael Hochstrasser, Pius Maria Cüppers, Adeline Schebesch, Jochen Kuhl und viele, viele andere.

Adresse Richard-Wagner-Platz 2–10, 90443 Nürnberg-Altstadt | ÖPNV U2, Haltestelle Opernhaus | Tipp Das Theater-Gemälde von Johannes Grützke im Foyer des Schauspiel-hauses ist absolut sehenswert.

93 Das Stellwerk 1

Französische Blüten am Bahndamm

Der Boulevard Saint-Germain liegt am Bahndamm von Klingenhof. Wer hätte das gedacht? Und davor trägt ein Apfelbaum, der schon mal im Müll lag, viele Früchte; dahinter halten sich die Triebe von französischen und italienischen Weinreben eng umschlungen, während oben Bläser, Yogi, Theaterleute oder Bibliothekare das große Zimmer mit Aussicht nutzen, in dem von 1910 bis 1998 Bahnbeamte die Weichen stellten.

Zugegeben, es klingt etwas verrückt, wenn man vom Stellwerk 1 erzählt, das seit 2004 das Domizil eines Vereins ist, der sich »Institut für gesellschaftlichen Fortschritt, erneuerbare Energien, Kultur und gesunde Lebensweise« (IfgF) nennt. Der Erste Vorsitzende und Spiritus Rector ist Klaus Steger, ein ausgesprochen frankophil und weltoffen denkender Mensch, der mit einer Französin verheiratet ist und seinen Hauptwohnsitz in Paris hat. Daher auch die Reminiszenzen mit dem Schild vom Boulevard Saint-Germain, den französischen Weinreben, den Beeten mit Kräutern aus der Provence oder dem Feigenbaum im angebauten Wintergarten.

Mit viel weißer Farbe, kleinen Nischen, netten Einbauten und dem Gefühl für das Ganze haben die etwa 50 Aktiven des 2.000 Mitglieder starken Clubs das Häuschen mit der steilen Treppe nach oben zu einem inspirierenden Ort gemacht. Da man vielfältig »das gesellschaftliche Leben und Zusammenleben von Personen und Organisationen auf nationaler, europäischer und internationaler Ebene« fördern will, gibt es Vorträge über Photovoltaik, Traumdeutung und die Börse, aber auch Konzerte, Ausstellungen, Grillabende und Flirtpartys.

Für das Ziel der »besseren Völkerverständigung« hat Steger viele Hebel im Blick. Die Kooperation mit Behinderten und sozial Schwächeren gehört ebenso dazu wie die Vermietung der vorhandenen Räume oder Gartenhäuschen nebenan. Die Zeichen stehen auf Expansion – die Weichen für noch mehr Blüten am Bahndamm sind gestellt.

Adresse Klingenhofstraße 50f, 90411 Nürnberg-Klingenhof, Tel. 0171 / 3415859, www.stellwerk1.org, parken am besten nebenan auf dem Resi-Gelände | **ÖPNV** U2, Haltestelle Nordostbahnhof | **Tipp** Im DB-Museum mit dem Außengelände, Lessingstraße 6, kann man ein original erhaltendes Stellwerk besichtigen.

94__Die Sternwarte

Lichtblicke am späten Abend

Man muss hingehen, wenn es richtig dunkel ist. Das heißt im Sommer am besten nach halb elf abends. Und es sollte möglichst sternenklar sein, weil sonst die netten Leute von der Nürnberger Astronomischen Arbeitsgemeinschaft, kurz NAA genannt, ihre Teleskope auf der Terrasse gar nicht erst aufbauen, geschweige die Kuppel öffnen, von wo man mit dem großen Fernrohr tief ins unendliche Weltall schauen kann.

Seit 1931 steht die ziegelrote Sternwarte mit dem grünen Kupferdach oben am Rechenberg. 1999 hat die Stadt die Regie an die NAA abgegeben, die für Laien wie für Experten ein spannendes Programm macht. Und wenn sich etwas Spektakuläres in unserer Milchstraße oder in einer anderen Galaxie anbahnt, stehen die Menschen schon mal Schlange, um sich das Geschehen durch die 20- bis 1.000-fach vergrößernden Spiegelteleskope genauer anzusehen. Auch wenn die nächtliche Beleuchtung der Stadt und besonders des Business Towers stört, winken himmlische Lichtblicke. Dank mobiler Treppen können auch Kinder durchgucken und Sternschnuppen erhaschen, von denen es alljährlich Mitte August jede Menge gibt, weil unser Planet dann durch einen Kometenschweif rotiert.

Atemberaubend nah kommen Sternwartengäste auch dem Mond, der von der Erde ja lächerliche 400.000 Kilometer entfernt ist. Andere Punkte, die nachts flirrend leuchten, können dagegen 22.000 Lichtjahre weit weg sein. Und das heißt: Es ist gut möglich, dass dieser Stern gar nicht mehr existiert. Solche Info-Häppchen streuen die NAA-Experten ebenso ein wie Erklärungen über aktuelle Sternenbilder, in denen ehemalige Sonnen zu finden sind.

Wer allerdings mit den Astronomen über astrologischen Horoskop-Hokuspokus reden will, erntet ein müdes Grinsen. Damit hat man auf der Sternwarte nichts am Hut. Hier zählt die Realität, inklusive Satelliten und Raumstation ISS, die mit bloßem Auge zu erkennen ist. Kaum zu glauben, aber wahr!

Adresse Regiomontanusweg 1, 90401 Nürnberg-St. Jobst, Tel. 0911/9593538, www.sternwarte-nuernberg.de, Parkplätze gibt es unterhalb des Rechenbergs | **ÖPNV** Straßenbahn 8, Haltestelle Tafelwerk; Bus 45, Haltestelle Bismarckschule; U2, Haltestelle Schoppershof | **Öffnungszeiten** Fr, Sa je nach Jahreszeit ab 20 Uhr (Sept.–Mai) oder ab 22 Uhr (Juni–Aug.) | **Tipp** Im Nicolaus-Copernicus-Planetarium, Am Plärrer 41, gibt es Projektionen, Vorträge, Filme und Kinderprogramme.

95 — Die Straße der Menschenrechte

Eine Magna Charta der Humanität

Der Weg zur Kunst führt über die Straße der Menschenrechte. So ist das, Symbolik hin oder her, in Nürnberg. Die Stadt, die mit ihrer nationalsozialistischen Erblast zu kämpfen hat, entschloss sich in der Ära Schönlein Ende der 1980er, Anfang der 1990er Jahre, sichtbare Zeichen gegen die Verstrickung ins braune Gedankengut zu setzen. Ein Nürnberger Menschenrechtspreis, alle zwei Jahre an verdienstvolle Bürgerrechtler aus dem In- und Ausland vergeben, wurde ins Leben gerufen, das Dokumentationszentrum Reichsparteitagsgelände (siehe Seite 54) geplant und ein städtebaulicher Wettbewerb für eine Straße der Menschenrechte ausgeschrieben.

Das überzeugendste Konzept lieferte der israelische Künstler Dani Karavan. Schnurgerade verläuft seine Straße der Menschenrechte am Erneuerungsbau des Germanischen Nationalmuseums (siehe Seite 72) vorbei und unterteilt den Gesamtkomplex in einen neueren und einen älteren Abschnitt. Keine Kunst, keine Kulturgeschichte, keine nationale Sammlung ohne Beachtung der Menschenrechte, das ist die Botschaft. Sie sind das oberste Paradigma. An 27 weißen Betonpfeilern, zwei Kopfplatten (für zwei fehlende Säulen), einem Eichenbaum und dem weißen Tor am Eingang ist eine Art Magna Charta des menschlichen Zusammenlebens entstanden. An jedem Pfeiler eingraviert findet sich einer der 30 Artikel der Menschenrechtserklärung der Vereinten Nationen von 1948. Der Text am ersten Pfeiler ist in Jiddisch.

In einer bewegenden Feier wurde das Kunstwerk am 23. Oktober 1993 eingeweiht. Sein Appell geht in zwei Richtungen: In die Vergangenheit und damit an die Rolle Nürnbergs in der NS-Zeit, und in die Gegenwart und Zukunft als Mahnung, sich für die Einhaltung der Menschenrechte weltweit einzusetzen.

Ein wichtiges, emphatisches Mahnmal.

ERKLÄRUNG DER MENSCHENRECHTE

Adresse Kartäusergasse 1, 90402 Nürnberg-Altstadt | **ÖPNV** U2, Haltestelle Opernhaus | **Tipp** Am Ende der Straße der Menschenrechte ist ein Zugang zum Stadtgraben, wo man angenehm spazieren gehen kann.

96 — Das Tempo-Haus

Wo, schnief, das Papiertaschentuch erfunden wurde

1929 hatte Oskar Rosenfelder die phantastische Idee. Warum, so fragte sich der Mitinhaber der Vereinigten Papierwerke, muss es immer ein Stofftaschentuch sein, das beim Schniefen, Schluchzen und Schnäuzen zum Einsatz kommt? Könnte es nicht auch aus Zellstoff sein, akkurat zusammengefaltet, in einer durchsichtigen Packung, ein Papiertaschentuch also, das nach Gebrauch nicht in die Waschmaschine wandert, sondern in den Papierkorb?

Gedacht, getan! Noch im selben Jahr meldeten die Nürnberger Papierwerke ihre Idee beim Reichspatentamt in Berlin an und hatten auch gleich einen Namen dafür zur Hand: Tempo. Damit sollte den schnelllebigen 1920er Jahren gehuldigt werden. Also bekam die Marke auch den schwungvollen, bis heute charakteristischen Schriftzug. Jeweils 18 Stück wurden in blau, rot und grün bedruckte Pergamin-Packungen gesteckt, nachdem man den Zellstoff zuvor mit einer Schicht Glycerin präpariert hatte, um eine optimale Weichheit zu erreichen. Und weil man das Gefühl hatte, dass Deutschland, wenn nicht die Welt überhaupt, auf das neue Wisch-und-Weg-Utensil gewartet hatte, wurde es noch im selben Jahr in einer Berliner Illustrierten kräftig beworben.

Und »Tempo« machte gleich richtig Tempo. Bereits zehn Jahre später wurden schon 400 Millionen Papiertaschentücher produziert, Anfang der 1960er Jahre waren es bereits 4 Milliarden. Auch Amerika hatte plötzlich das Bedürfnis, sich in Zusammenknüllbares, Wegwerfbares zu schnäuzen. So entstand – Tschiiieee! Entschuldigung! – die Marke Kleenex.

Doch auch diese Erfolgsgeschichte war irgendwann zu Ende. In den 1980er Jahren wurde zuerst die gesamte Produktion nach Neuss verlagert, ehe sie 1994 der US-Konzern Procter & Gamble vom damaligen Eigentümer, der Firma Schickedanz, erwarb. 2007 verkauften die Amerikaner die Einmaltaschentücher dann endgültig an ein schwedisches Label.

Adresse Haus der Bildung, Schoppershofstraße 80, 90489 Nürnberg-Schoppershof |
ÖPNV U2, Haltestelle Schoppershof | **Öffnungszeiten** Mo–Fr 8–18 Uhr und bei Veran-
staltungen| **Tipp** Wenn man bis zur Endhaltestelle durchfährt, kann man am Flughafen
aussteigen und einen Rundflug über die Stadt und das Knoblauchsland machen.

97＿Die Theodor-Heuss-Brücke

Rettungsanker mit Rauch, Sound und Körben

Wie eine riesige Echse, die auf zehn fetten Beinen ruht, liegt die Theodor-Heuss-Brücke im westlichen Pegnitztal. Doch alle, die drübergehen oder -fahren, kriegen wenig davon mit. Handelt es sich doch von oben gesehen nur um eine Straße. Wer aber unten mit offenen Augen und Ohren vorbeikommt, der kann blaue Wunder erleben, die beim 1970 errichteten Stahlbetonkoloss nicht geplant waren und auch nichts mit dem Namenspatron, dem ersten deutschen Bundespräsidenten, zu tun haben. Es hat sich einfach ergeben, dass Sport, Freizeit und Kultur eine Heimat fanden und die Brücke sukzessive eine Multifunktionsarena geworden ist.

Dank der vier stabilen Körbe plus Beleuchtung tummeln sich hier von früh bis spät die Streetballspieler. Morgens üben Schulkinder, nachmittags die Talente und abends die Cracks. Bunte Botschaften auf den Pfeilern zeigen, dass Graffiti-Künstler unter der Brücke sprühaktiv sind. Und wie gut die Akustik unter der Betonverschalung ist, kann man erleben, wenn ein Jazzsaxofonist zur warmen Jahreszeit vormittags Melodien aufschaukelt, dass es noch 100 Meter entfernt eine Freude ist.

Überhaupt Musik! Seit 1998 sorgt das zweitägige Brückenfestival Mitte August für mitreißenden Rocksound, flankiert von Poetry-Slam-Schlachten und lockerer Partyatmosphäre. Friede, Freude, Flammkuchen und alternativer Kommerz blühen ausgelassen. Neuerdings auch vier Tage im Juni beim Afrika Festival − und das auf dem steinigen Brückenuntergrund wie auf der grünen Pegnitzwiese, wo an schönen Tagen die Grills dicht gedrängt stehen und bizarre Rauchfahnen erzeugen.

Während Radler, Jogger und Skater am Rand vorbeizischen, wird auf dem Rasen bis nach Mitternacht lachend, singend und klampfend gefeiert. Und falls sich mal ein heftiger Gewitterschauer entlädt, hat die Theodor-Heuss-Brücke einen Vorteil: Sie taugt als riesiger Rettungsanker für alle Menschen ohne Regenschirm.

Adresse Nordwestring/Maximilianstraße, 90429 Nürnberg-St. Johannis | **ÖPNV** U1, Haltestelle Maximilianstraße; Straßenbahn 6, Haltestelle Westfriedhof | **Öffnungszeiten** Die Streetball-Anlage unter der Brücke ist bis 22 Uhr beleuchtet. | **Tipp** Das Westbad an der Wiesentalstraße ist einen Besuch wert, weil die Pegnitz noch nicht sauber genug ist. Im 2011 runderneuerten Freibad gibt es von Mai bis September auch eine große Rutsche und einen Zehn-Meter-Turm.

98__ Der Tierfriedhof
Poldis letzter Gruß

Beim ersten Hinschauen denkt man unweigerlich an einen Zwergenfriedhof. So klein und possierlich wirken die Gräber, die rings um einen Baum herum gruppiert sind, vor dem zudem eine Sitzbank für Besucher steht. Ausgesprochen gepflegt wirkt dieser Friedhof, den es seit November 1989 gibt. Der Tierschutzverein hatte damals die Idee durchgesetzt, vis-à-vis vom Tierheim einen Tierfriedhof anzulegen. Nicht zuletzt mit dem Argument, dass Halter von Hunden, Katzen & Co. eine pietätvollere Alternative zur Tierkörperbeseitigungsstelle bekommen sollten. Die Beerdigung ist allerdings keine billige Sache: Zwischen 390 und 525 Euro kostet derzeit ein Grab – je nach Größe des Tieres.

In einem liegt zum Beispiel Poldi seit dem 15. Februar 2010. Ein bereits reichlich verblasstes Foto zeigt einen Rauhaardackel, der vor einem hellen Sofa kauert und ungeduldig in die Kamera schaut, als wollte er sagen: Mensch, drück schon endlich ab! Poldis letzter Gruß spricht irgendwie Bände, aber er scheint ein eminent wichtiger Trost für das Herrchen oder Frauchen zu sein.

Normalsterblichen bietet ein Besuch des Tierfriedhofs eine Forschungsreise in die Tiefen der menschlichen Psyche. Den Worten »In Liebe« begegnet man häufig, alternativ »Danke für alles« oder »In liebevoller Erinnerung«. Manche reimen ein paar Zeilen, stellen Engel auf den Grabstein oder bepflanzen den Ort der Trauer mit Gänseblümchen, Rosen oder einer Tuja-Hecke im Bonsai-Format.

Ob sie Aisha, Bello, Boni, Molly, Vitus, Whisky, Richy, Pascha oder eben Poldi hießen: Diese Vierbeiner haben Herzen erobert – vor allem die von Frauen, die an den Gräbern klar in der Mehrzahl sind. Hunde und Katzen waren treue Kameraden, Gefährten, ja Freunde – und auf ihre Tour wohl verlässlicher als Menschen. Diese Botschaft drücken mehrere hundert Gräber aus, verteilt auf fünf Bereiche, Tendenz: steigend. Das ist irgendwie berührend.

Adresse Stadenstraße 149, 90491 Nürnberg-Erlenstegen, Tel. 0911/5985941 | **ÖPNV** Bus 46, Haltestelle Martha-Maria-Krankenhaus | **Öffnungszeiten** täglich März–Sept. 8–22 Uhr, Okt.–Feb. 8–18 Uhr | **Tipp** Der Reitclub »Tattersall« mit Reit- und Spring-schule in der Stadenstraße 57–59 besteht seit 1924 und hat ein Restaurant mit interessan-ter, viel gelobter Küche.

99___Der Tiergärtnertorplatz
Nürnbergs gute Stube

Es ist Nürnbergs schönster Platz, im Herzen der Altstadt gelegen, mit Blick hinauf zur Burg. Viel Fachwerk, Kopfsteinpflaster, der mittelalterliche Ziehbrunnen, die Linde mit der Bank und dem dichten Blätterdach, die Stadtmauer, das Dürer-Haus, die Bratwurstlokale an allen Seiten. Hier lässt es sich prächtig verweilen, zumal seitdem die beiden Cafés ihre Pforten geöffnet haben. Direkt in die Mauernischen hinein sind sie geschlüpft, das »Café im Atelier« und das »Café Wanderer«, von dem man sagt, hier gebe es den besten Kaffee in der ganzen Stadt.

Es ist ein uriges Kleincafé geworden, das Wanderer, das seinen Namen einem nicht sehr berühmten Maler verdankt: Friedrich Wilhelm Wanderer. Er hat sie alle auf einem Panoramagemälde verewigt, die großen Nürnberger Künstler, Dürer, Wohlgemuth und wie sie alle hießen. Gleich zweimal kann man es sehen, im Eingangsbereich über dem Kaffeeautomaten und zwischen den Holzbalken an der Decke im Nebenraum.

Da sitzt man dann, rührt in seinem Milchkaffee und schaut auf den Platz hinaus. Viele kommen in der Mittagspause hierher, mischen sich unter das Touristenvölkchen, lesen Zeitung oder ein Buch oder tun gar nichts. Letzteres geht nicht überall, im Café Wanderer geht es. Wie auch im gleich anschließenden »Bieramt«. Auch da gibt es Tische und Stühle vor dem Lokal. Auch da kann man einfach nur sitzen und die Zeit vergehen lassen. Nicht jede Stadt bietet diesen Luxus.

Sein Satyrspiel hat der Platz freilich auch. Es ist der glotzende Hase im hinteren Bereich, die Dürer-Persiflage von Jürgen Goertz. Als sei sein letztes Stündchen gekommen, liegt er da, erschöpft, den Kopf auf dem Boden, ein bedauernswerter Geselle. Die Leute lassen sich gern mit ihm fotografieren. Die monströse Hässlichkeit, das Totgeweihte, das hat was. Es ist ein böser Scherz, den sich die Nürnberger da in die gute Stube geholt haben!

Adresse 90402 Nürnberg-Altstadt | **ÖPNV** Bus 36, 94, Haltestelle Rathaus | **Tipp** Im Museumsshop gegenüber dem Dürer-Haus findet man auch Ungewöhnliches zu Leben und Werk des Meisters.

100_ Der Trommelwirbel

Waschen und plauschen mit Flowerpower

Orange ist die dominierende Farbe, Rundes beherrscht den Raum, und jede Menge Flowerpower findet man ebenso wie andere Relikte, Produkte, Legenden und Kultobjekte aus den grellen 70er Jahren des 20. Jahrhunderts – von der süffigen Capri-Sonne über Spülmittel-Blumen bis zur »In the Summertime«-Scheibe von Mungo Jerry. Und das Ganze wirkt so hip, pfiffig und in sich schlüssig, dass man auf den ersten Blick meinen könnte, man befindet sich in einem Museum und nicht in einem Waschsalon.

Aber in Wirklichkeit ist der Trommelwirbel auch viel mehr als ein Ort, wo man seine schmutzige Wäsche auf Vordermann bringen lässt. Der Laden an der Bayreuther Straße – schräg gegenüber der ehrwürdigen Brunswick-Bowlingbahn (auch so ein Siebziger-Stück!) – erregte im Februar 2010 im Nu Aufsehen. Nele Gilch und Petra Schinz sind die zwei flotten Vierzigerinnen, die viel Liebe zum Detail und eine dicke Stange Geld in ihren Traum von der Selbstständigkeit gesteckt haben. Die in die Jahre gekommene Waschsalonidee haben sie vehement durcheinandergewirbelt. Und neben flippigem Retro-Ambiente und modernem Equipment hat vor allem der kommunikative Ansatz den Laden zum Kult-Ort gemacht.

Während die Trommeln laufen, kann man Kaffee trinken oder Flammkuchen essen, einfach ein Pläuschchen führen oder sich durch Zeitungen schmökern. Witzige Aktionen sind das Salz oder der Weichspüler in der Konzeptsuppe – je nach Lust und Geschmack. So wird ab und zu im Keller zu alten Revival-TV-Serien gemeinsam gebügelt oder während der Fußball-WM kollektiv gebibbert und gejubelt. Das spricht sich herum. Vom Kindergarten über Basketballteams, Studenten-WG bis zu Senioren von nebenan: So bunt wie die 1970er ist die Kundenschar der beiden Wirbelwinde, die noch zig Ideen in petto haben, um ihr Waschsalongeschäft weiter anzukurbeln – den witzigen Mini-Biergarten neben der Eingangstür gibt es schon.

Adresse Bayreuther Straße 21, 90409 Nürnberg-Maxfeld, Tel. 0911/3769347, www.trommelwirbel.de | **ÖPNV** U2, Haltestelle Rennweg | **Öffnungszeiten** Mo–Sa 8–20 Uhr | **Tipp** Das Brunswick Bowling Center gegenüber in der Bayreuther Straße 20 besteht seit 1963 und ist ein Kult-Ort, wo Anfänger, Fortgeschrittene und Könner eine flotte Kugel schieben können, Tel. 0911/533966.

101 Das Tucherschloss

Wo die Betuchten einst residierten

Gäbe es einen Wettbewerb »Schöner heiraten«, das Tucherschloss hätte gute Chancen auf den Sieg. Die Termine sind immer früh vergeben; kein Wunder, sorgt der frühere Sommersitz der Familie Tucher doch für ein stimmungsvolles Ambiente. Das gilt für das Foyer, wo die Trauung stattfindet, ebenso wie für die festliche Halle mit ihrem spätmittelalterlichen Kreuzrippengewölbe, die man für Feiern aller Art anmieten kann. Dazu der am Abend stimmungsvoll illuminierte Innenhof.

Prunkstück aber ist der im Jahr 2000 renovierte Hirsvogelsaal im Garten des Schlosses. Mit seinem Renaissancestil bringt er italienisches Flair nach Nürnberg. Bemerkenswert die Wandverzierungen von Peter Flötner und das Deckengemälde von Dürer-Schüler Georg Pencz mit der Darstellung des Sturzes des Phaeton. 20 Leinwände verwendete der Maler dafür.

Bewundert wird auch immer das eigens in Limoges emaillierte Tucher'sche Gießgeschirr sowie der silberne Doppelpokal von Wenzel Jamnitzer, einem berühmten Nürnberger Goldschmied. Insgesamt ein Tableau großbürgerlichen Wohlstands; und eine Kulisse, wie geschaffen, um ja und nochmals ja zu sagen.

So sieht das auch die Verwaltung der städtischen Museen. Sie residiert im Schloss, das auch ein Museum ist, und weiß: Viel angenehmer als in der Hirschelgasse lässt sich in der Stadt kaum arbeiten.

Im Sommer kommt ein Open-Air-Kino im Garten dazu, sonntags locken Themenführungen wie »Zu Gast bei den Pfeffersäcken« die Besucher in Scharen ins Haus. Pfeffer war im Mittelalter das Synonym für Gewürze, und ein großer Teil des Reichtums der Stadt stammte aus dem Handel mit ihnen.

Gebaut wurde das dreigeschossige Gebäude aus Sandsteinquadern zwischen 1533 und 1544. Im ersten Stock, zur Hirschelgasse hin, sieht man das für Nürnberg zu dieser Zeit typische Chörlein.

Adresse Hirschelgasse 9–11, 90403 Nürnberg-Altstadt | **ÖPNV** U2, Straßenbahn 8, Haltestelle Rathenauplatz | **Öffnungszeiten** Mo 10–15 Uhr, Do 13–17 Uhr, So 10–17 Uhr | **Tipp** Ein kurzer Abstecher um die Ecke zur »WiSo« der Universität ist allemal empfehlenswert.

102 Der U-Bahnhof Rathenauplatz

Köpfe als Highlight im Untergrund

»Radauplatz« sagen echte Nämbercher. Was nicht abschätzig gemeint ist, sondern daran liegt, dass der Rathenauplatz neben dem Plärrer und dem Bahnhofsplatz zu den Orten gehört, wo es in Nürnberg richtig laut zugeht. Auf bis zu zehn Spuren fließen die Autoströme vorbei, dazwischen rattert noch die Straßenbahn. Unerschütterlich thront am Rand der runde Laufer Torturm, während nebenan das kleine Wohn- und Geschäftsviertel »Sebalder Höfe« einen neuen städtebaulichen Akzent gesetzt hat. Trotzdem lauert das Highlight am Rathenauplatz nicht oberhalb der Erde, sondern im Untergrund. Und das seit Herbst 1990, als der U-Bahnhof eröffnet wurde.

Zuvor hatte eine Phase begonnen, in der Nürnberg Selbstbewusstsein getankt und Mut zu Neuem hatte. Als eine Neuerung wurden einheimische Künstler mit der Gestaltung von U-Bahnhöfen beauftragt. Beim Rathenauplatz kam Gregor Hiltner zum Zug, der mit Hilfe des Computers auf beide Bahnsteigwände zwei riesige Köpfe bannte: von Walter Rathenau, dem deutschen Außenminister und Friedensnobelpreisträger, den Rechtsradikale 1922 ermordeten, und von Theodor Herzl, dem österreichischen Protagonisten eines jüdischen Staats im 19. Jahrhundert. Das Verblüffende ist: Wenn man die 15 Sekunden mit der Rolltreppe nach unten fährt, erkennt man die Gesichter genau, am Bahnsteig werden sie aber in die Länge gezogen und immer abstrakter, während das Pendant hinten gut zu erkennen ist. Der Kunstkniff heißt Anamorphose – eine Technik aus der Renaissance, die Hiltner mit einer Million Fliesen auf 13 Metern Länge wiederbelebt hat.

»Denken heißt vergleichen«, lautet Rathenaus Zitat, das als Anstoß zum besseren Verständnis seines Werks an einer Wand steht. Viele Fahrgäste gehen oder rauschen zwar täglich daran vorbei, ein paar stolpern aber drüber und fangen mit dem Nachdenken an.

Adresse Rathenauplatz, 90489 Nürnberg-Altstadt | ÖPNV U2, U3, Straßenbahn 8, Bus 36, Haltestelle Rathenauplatz | Öffnungszeiten täglich circa 5–1 Uhr | Tipp Der U-Bahnhof Hohe Marter – vorletzte Station der U2 Richtung Röthenbach; dort wurde der 292,80 Meter hohe Fernsehturm, der nebenan steht, am Bahnsteig zweimal in die Horizontale gekippt – in einer Tag- und einer Nachtversion.

103_ Die Villa Leon

Kulturgenuss statt Schweineblut

Schweine trifft man immer noch. In drei Glasvitrinen sitzen große und kleine, fleisch- und rosafarbene sowie Sparschweine in weiß, rot, blau und mit Herzchen am Riechorgan. Die Prachtexemplare einer kleinen Sammlung, die 1997 den Grundstock für ein Schweinemuseum bilden sollten. Das erste dieser Art landete dann doch nicht in Nürnberg, sondern wurde 2010 im alten Schlachthof von Stuttgart eröffnet. Das war letztlich kein Beinbruch, denn die Museumsidee war nur das Anhängsel einer saustarken, zukunftsweisenden Forderung für den Stadtteil St. Leonhard, deren Schlachthof-Slogan »Sau raus – Kultur rein!« hieß.

Die Initiative kam vom Kulturladen Rothenburger Straße, kurz KuRo genannt, und hatte letztlich Erfolg: Wo jahrzehntelang das Blut bis Ende Juni 1997 in Strömen geflossen war und Rinder, Schweine, Schafe und andere Fleischspender im Akkord (aus)geschlachtet wurden, hat der KuRo mit der Villa Leon ein stattliches neues Domizil erhalten. Der Gründerzeit-Ziegelbau wurde fein umgestaltet und mit einem modernen Glaskubus angereichert, wo der große Saal nicht zuletzt die Heimat von Weltmusik (speziell Klezmer) wurde. Darüber residiert die schmucke Stadtteilbibliothek.

Die Villa Leon hat untermauert, dass die Idee des dezentralen, soziokulturell ausgerichteten Kulturladens, die Nürnbergs großer Kulturreferent Hermann Glaser in den 1970ern entwickelte, eine Zukunft hat. In Form dieses Bürgerzentrums wurde sie weiterentwickelt – inklusive Werkstatt, Galerie und genügend Räumen für Klein und Groß.

Da das Mit- und Nebeneinander der Kulturen natürlich einen Ort zum Reden, Teetrinken und Kuchenessen braucht, ist das Çayhaus von Ümran Sert ebenfalls aus dem engen KuRo in die große Villa umgezogen. Es befindet sich samt Außenbereich auf der ruhigen Südseite, wo der schier endlose Verkehrslärm vom nahen Frankenschnellweg ausgeblendet ist. Richtig Schwein gehabt!

Adresse Philipp-Koerber-Weg 1, 90439 Nürnberg-St. Leonhard, Tel. 0911/2317400 | **ÖPNV** S1, U2, U3, Bus 39, 113, Haltestelle Rothenburger Straße | **Öffnungszeiten** Çayhaus täglich 9–circa 24 Uhr | **Tipp** Das Kinderkulturzentrum im Kachelbau, Michael-Ende-Straße 17, Tel. 0911/60004-0, inklusive Theater Mummpitz und Museum im Koffer, liegt ebenfalls auf dem ehemaligen Schlachthof-Gelände.

104__Das Volksbad

Ein Badetempel mit Jugendstil-Ambiente

Lange Zeit galt es als die Jugendstil-Perle schlechthin. Dann, als es hätte saniert werden müssen, wurde es geschlossen. Die Stadt hatte das Geld nicht. Eine Bürgerinitiative wollte das Bad retten. Vergebens. Der Prachtbau wurde zugesperrt, die Becken sind leer, die Umkleidekabinen verwaist, vom einst so glanzvollen Portal bröckelt der Putz. Ein Juwel im Dornröschenschlaf. Denkmalgeschützt.

Nichts bewegt sich, und so geht das nun seit fast zwei Jahrzehnten. Der geheimnisvolle Investor, der immer wieder durch die Medien geistert, er will und will nicht auftauchen. Aller Anstrengung, allen Ausschreibungen zum Trotz. Von was nicht allem war die Rede: Mal war es eine Reha-Klinik, die einziehen sollte in den Badetempel, mal ein Einkaufszentrum. Zuletzt war ein Arabisches Museum im Gespräch, orientalisches Bad inklusive. Bisher war allen Plänen gemeinsam, dass sie sich schnell in Wohlgefallen auflösten.

Und wieder ist es eine Bürgerinitiative, die versucht, das Thema im öffentlichen Bewusstsein zu halten. »Kultur-Initiative Volksbad« heißt sie, ist hochkarätig besetzt und fällt durch ungewöhnliche Aktionen auf. So hat sie sich für eine Aufführung der frühen Gluck-Oper »Ezio« eingesetzt, was freilich an den eminenten Kosten scheiterte. »Ezio« wurde in die Tiefgarage des Staatstheaters verfrachtet. Auch sonst kam frischer Wind durch sie in die Diskussion. Arabisches Museum, Halfpipe für die Scaterszene – plötzlich erschien vieles denkbar. Auch das Projekt »Flooded City« (Geflutete Stadt) konnte realisiert werden. Es kreierte eine Unterwasserlandschaft im Schaufenster eines Zeitschriftenladens in Johannis, ein echter Hingucker, vor allem nachts. Daneben hat sie einen akribischen Nutzungsplan vorgelegt und jede Menge praktische Vorschläge gemacht. Vor allem jedoch setzt sie sich dafür ein, dass der Badebetrieb wieder aufgenommen wird.

So viele Hallenbäder hat die Stadt nicht, dass sie das Volksbad geschlossen lassen könnte, und so prächtig ausgestattete schon gar nicht. Deshalb: Das Volksbad darf nicht untergehen!

Adresse Rothenburger Straße 10, 90429 Nürnberg-Gostenhof | **ÖPNV** U1, U2, U3, Haltestelle Plärrer | **Öffnungszeiten** Das Volksbad kann besichtigt werden. Termin mit dem Förderverein Volksbad (Tel. 0171/2862904) ausmachen. | **Tipp** Im Planetarium nebenan kann man einen Blick in die Sterne wagen.

105___Das Wastl

Zwei auf einen Streich

Wastl nennen Nürnberger liebevoll eines der ältesten Alten- und Pflegeheime der Stadt, das vor 515 Jahren der Patrizier Konrad Topler für Pestkranke gestiftet hatte. Das erste Sebastianspital war bei der Großweidenmühle, wurde aber zu klein, weshalb 1914 in Wöhrd ein stattlicher Neubau entstand, aus dem ein großes Pflegezentrum wurde. Das Wastl befindet sich allerdings in einem permanenten Umbau- und Modernisierungsprozess, von dem nicht nur die ältere Generation tangiert wird, sondern auch die junge Klientel der Musikstudenten, die hier im Jahr 2000 nur vorübergehend einziehen sollte.

Damals war aus dem Meistersinger-Konservatorium eine Hochschule geworden, die neue und größere Räume brauchte. Da die Sucherei kompliziert und im Wastl was frei war, zogen die Musiker ein und fühlten sich mit der Zeit immer heimischer. Und so bestätigte sich mal wieder der Satz, dass nichts länger hält als ein Provisorium. Inzwischen steht fest, dass die Musikhochschule auf Dauer bleibt und endlich aufpolierte Räume bekommt – ein Konzertsaal im Innenhof ist auch geplant.

So leben hier zwei auf einen Streich Tür an Tür, die ziemlich unterschiedlich sind. Ergo weist ein Pfeil zur geriatrischen Rehabilitation, daneben einer zur Theorie für Alte Musik. Und hinterm Hauptgebäude reichern klare Oboenmelodien und kratzige Seniorenstimme das Vogelgezwitscher an. Ein besonderer Soundmix, der den Bewohnern durchaus gefällt. Wenn Chopin-Epigonen in die Tasten hauen, Trommler taktvoll zuschlagen, Bassisten jazzig swingen und auf der Seite eine Trompete süßlich das »Bianca«-Lied intoniert.

Nur wenn die Zwölftonleiter ein bisschen penetrant ausgereizt wird, nehmen manche Reißaus und flüchten runter zum Wöhrder See. Natürlich gibt es exklusiv für die Wastl-Bewohner Hauskonzerte. Und der große Tenor und Ex-Hochschulleiter Siegfried Jerusalem singt ab und zu auch noch.

Adresse Veilhofstraße 34–38, 90489 Nürnberg-Wöhrd, Pflegezentrum Tel. 0911 / 21531100, Musikhochschule Tel. 0911 / 2318443 | **ÖPNV** Straßenbahn 8, Haltestelle Tauroggenstraße; Bus 45, Haltestelle Sebastianspital | **Tipp** Das Wastl-Restaurant unten am Wöhrder See ist runderneuert, schattig, ambitioniert und direkt am neuen Boulevardsteg gelegen.

106__Der Westfriedhof

Unglaublich gefühlvoll eingepasst

Wer geht schon gern auf Friedhöfe? Abgesehen von Trauerfällen im persönlichen Umfeld macht man normalerweise lieber einen großen Bogen um die Ansammlung von Grabsteinen. Der ehrwürdige Westfriedhof ist da keine Ausnahme gewesen. Doch da seine neoklassizistisch angehauchte alte Trauerhalle sehr marode war, musste sich die städtische Friedhofsverwaltung etwas einfallen lassen. Und dabei kam sie auf die gute Idee, den Nürnberger Architekten Günther Dechant zu engagieren, der schon zuvor etwa beim neuen Hotel »Schindlerhof« in Boxdorf oder bei diversen Kindergartenumbauten bewiesen hatte, was subtil komponierte Baukultur alles bewirken kann.

Beim Westfriedhof hat Dechant lange nachgedacht und dann gezielt an den Stellschrauben gedreht. Das hat im zentral gelegenen Karree rund um die alte Trauerhalle viel zum Guten verändert. Ende 2011 ist die neue Trauerhalle eröffnet worden, deren klarer, rechteckiger Kubus aus nacktem Sichtbeton voller Feinheiten steckt, die nirgends himmelschreiend, nirgends zu Tode betrübt wirken. Form und Funktion harmonieren hier wunderbar miteinander.

Helle Farben dominieren, auch beim Holz der Bänke. Von links gelangt Tageslicht durch die Glaselemente und trägt das langsame Fließen des Wassers in der Brunnenplastik neben dem Glaselement in den leicht abschüssigen Raum. Exakt eingepasst ist dieses moderne Stück Architektur, dessen Akustik ebenfalls besticht – kein Wunder, dass hier regelmäßig Konzerte stattfinden.

Gelungen ist auch der neu gestaltete Platz zwischen den beiden Trauerhallen. Mit viel Raum zum Innehalten und länglichen Bänken, die voneinander ausreichend Abstand halten. Bei der alten Trauerhalle ist Dechant ein Spagat gelungen, indem er die alte Bausubstanz aufpolierte und zugleich zeitgemäße Akzente integrierte. Beide Bauprojekte werden dafür sorgen, dass Architekturfreunde gern auf den Westfriedhof gehen.

Adresse Schnieglinger Straße 154, 90425 Nürnberg-St. Johannis, Tel. 0911/3747333 | **ÖPNV** Straßenbahn 6, Bus 35, 38, 39, Haltestelle Westfriedhof | **Öffnungszeiten** täglich 8–20 Uhr | **Tipp** Sechs Künstlergräber wurden im Herbst 2011 im Westfriedhof vorgestellt.

107 __ Der Willy-Brandt-Platz
Der große Sitzende

Da sitzt er nun, das linke Bein über das rechte geschlagen, Körper und Kopf leicht schräg nach rechts geneigt, den Blick ziemlich geradeaus auf das Pressehaus der Nürnberger Nachrichten gerichtet. Kein Geringerer als der Friedensnobelpreisträger, frühere Bundeskanzler und SPD-Chef Willy Brandt hockt hier im dunkelgrauen Anzug am Rand einer Bank ohne Lehne und scheint sich wohlzufühlen.

Es wirkt, als nähme er gerade einen seiner berühmten »Ja, abääär«-Sätze in den Mund. Keine Frage, dieser Willy ist eine Schau, auch wenn es sich nur um eine Bronzeplastik handelt, die der Nürnberger Bildhauer Josef Tabachnyk geschaffen hat. Im November 2009 ist sie zentral im nördlichen Bereich des Willy-Brandt-Platzes aufgestellt worden, wo sie für wunderbare Szenen sorgt. Leute lehnen sich lesend an seine Schulter oder fotografieren ihn begeistert. Da gibt es anerkennende Blicke, ein leises »Servus« oder einen Klaps auf die Schulter – sogar eine Rose wurde ihm schon mal in die Hand gesteckt. Es ist eine soziale Plastik par excellence, die zur Kirschblüte von der Baumgruppe nebenan rosa angehimmelt wird und im Sommer schon mal ein paar Fontänenspritzer abbekommt.

Als der Marienplatz 1993, ein Jahr nach Brandts Tod, nach ihm umbenannt wurde, wollte die Stadt nicht nur den berühmten Sozialdemokraten ehren, sondern auch den öden Omnibusbahnhof aufpäppeln. Architektonisch und städtebaulich kam wegen 1.000 Sachzwängen nur ein mittelmäßiger Wurf heraus.

Durch den großen Sitzenden ist aus der rechteckigen Fläche doch noch eine runde Sache geworden. Und es passt gut zu Willy Brandt, dass die rote Nürnberger Parteizentrale einen guten Kilometer entfernt hinter dem Hauptbahnhof liegt. Etwas Sicherheitsabstand für den mutigen Freigeist, dessen »Mehr Demokratie wagen« eine Verpflichtung für den Platz sein sollte. Etwa in Form einer »Speaker's Corner« – das wär's!

Adresse Willy-Brandt-Platz, 90402 Nürnberg-Gleißbühl, direkt darunter gibt es eine Tiefgarage | **ÖPNV** U1, U2, U3, Straßenbahn 5, 8, 9, Bus 43, 44, Haltestelle Hauptbahnhof; Bus 340, Haltestelle ZOB | **Tipp** An der NN-Litfaßsäule an der Ecke Marien-/Badstraße hängt die aktuelle Ausgabe der Nürnberger Nachrichten auf Augenhöhe aus, nebenan findet man auch die Nürnberger Zeitung und das kicker-Sportmagazin.

108_ Der Wöhrder See

Eine Runde voller Entdeckungen

Ohne ihn kann man sich Nürnberg nicht mehr vorstellen. Obwohl es über 50 Jahre nach Baubeginn weiter Leute gibt, die den Namen des Stausees falsch schreiben, weil sie an den Wörthersee in Kärnten denken, der immerhin sechsmal so groß ist wie das Pendant im Stadtteil Wöhrd. Egal, als Freizeitgebiet braucht sich der Wöhrder See nicht zu verstecken, was all die Spaziergänger, Jogger und Walker untermauern, die tagtäglich zwischen Sonnenaufgang und Mitternacht ihre mehr oder weniger schweißtreibenden Runden drehen.

2009 hat die Stadt Wegweiser mit Kilometerangaben für drei Routen angebracht. 8,2 Kilometer misst die längste und schönste, die zum Teil beim Stadtlauf am 3. Oktober bewältigt wird. Joggend sieht man am Talübergang den Tritonbrunnen spritzen, die Fontäne im See hochsteigen und am Südufer die Windspiele aus Stahlblechkugeln, die im Dürer-Jahr 1971 beim »Symposium Urbanum« aufgestellt wurden.

Über den gigantischen Norikus-Wohnkomplex kommt man nach dem Bayern 07-Bad zur Bahnbrücke, wo die Runde halbiert werden kann. Am begrünten Ufer geht es weiter unter der weit gespannten Heinemannbrücke hindurch, an einer Hundeauslaufzone vorbei, bis zur Satzinger Mühle. Dort wechselt man rüber zum Nordufer und begegnet auf dem Rückweg Tischtennisplatten, Fußballtoren, Streetballkörben, dem Jugendhaus Klüpfel und dem Aktivspielplatz Wöhrder See, der Wellenreiter-Skulptur, einem Wasserkraftwerk und dazwischen den Ausläufern der neuen »Wasserwelt Wöhrder See«, die Markus Söder in seiner Zeit als bayerischer Umweltminister vorantreiben ließ.

Rund um das Wastl-Restaurant ist mit dem schicken »Boulevardsteg« das erste Projekt realisiert worden. Weitere sollen folgen, von der Entschlammung bis zum Badestrand. Durch eine verbesserte Wasserqualität soll auch die allsommerliche Veralgung des halben Sees gestoppt werden. Jogger werden auf ihren Runden genau hinschauen.

Adresse zwischen Kressengarten- und Bartholomäusstraße, 90402 Nürnberg-Wöhrd, große Parkplätze gibt es vor dem Norikus, an der Bartholomäus- und Dr.-Carlo-Schmid-Straße | **ÖPNV** Straßenbahn 5, Haltestelle Norikerstraße (Südufer); Bus 43, 45, Haltstelle Heinemannbrücke (Nordufer) | **Tipp** Das Loni-Übler-Haus oberhalb des Südufers in der Marthastraße 60 ist ein Kulturladen mit vielen speziellen Angeboten wie Folk-Club, einer Frauenkabarett-Reihe und freien Theatergruppen.

109__ Die Wöhrder Wiese

Erfahrungsfelder bis zum Abwinken

Ab 25 Grad Celsius wird es sprunghaft voller auf der Wöhrder Wiese. Das hat mit der zentralen Lage dieser grünen Landzunge zu tun. Und mit dem Bedürfnis der Innenstädter, Sonne und frische Luft in einer sinnlich ansprechenden Umgebung zu tanken. Also legt man sich mittags oder nach Feierabend auf eine Decke oder verabredet sich gleich im Wies'n-Biergarten, der seit 1991 eine feste Einrichtung ist – im Verbund mit dem pädagogisch äußerst wertvollen Erfahrungsfeld zur Entfaltung der Sinne.

Das Erfahrungsfeld, vom Amt für Kultur und Freizeit veranstaltet, ist ein Aushängeschild geworden, das alljährlich über 90.000 Besucher in viereinhalb Monaten anlockt. Vormittags bevölkern vorrangig Schulklassen und Kindergartengruppen den über 90 Stationen starken Parcours, der sich ans Pegnitzufer schmiegt. Aber auch ältere Semester lernen gern handfest, wie man einen massiven Stein zum Schwingen bringt, wunderbar mit dem Partner gemeinsam schaukelt oder mit nackten Füßen den Untergrund erfühlt. Um die Ecke gibt es im Hirsvogelbunker auch noch Dunkelstationen samt Café im Stockfinstern. Ein Muss für neugierige Zeitgenossen!

Darüber hinaus ist auf der Wöhrder Wiese genug Platz für andere Erfahrungsfelder. Bis zum Abwinken üben Keulen-Jongleure und Gitarrenspieler, Slackline-Balanceure und Volleyballcracks, Yogis und Einradfahrer ihre Kunst auf dem großen Rasenstück, während sich um sie herum einzelne Sonnenanbeter wie Grüppchen in unterschiedlicher Größe breit machen.

In der Regel läuft das fröhliche Nebeneinander gesittet ab, selbst wenn eine Fußball-WM oder -EM einen großen Fan-Park mit sich bringt. Ansonsten gilt: Ob einer Essen und Trinken mitbringt oder im Wies'n-Biergarten einkehrt, ist piepegal. Und deshalb ist es auf der Wöhrder Wiese auch ohne Sand viel angenehmer als am kommerziell ausgerichteten »Stadtstrand« ein paar Meter weiter auf der Insel Schütt.

Adresse Zugang über Prinzregentenufer, Badstraße, Adenauerbrücke oder Hintere Insel Schütt, 90402 Nürnberg-Wöhrd, ideal mit dem Fahrrad zu erreichen | **ÖPNV** U2, U3, Haltestelle Wöhrder Wiese | **Öffnungszeiten** 24 Stunden, Erfahrungsfeld zur Entfaltung der Sinne und Wies'n-Biergarten 1. Mai – circa Mitte Sept., weitere Infos unter www.erfahrungsfeld.nuernberg.de | **Tipp** Die »Kabine«, das ehemalige Umkleidehäuschen am südöstlichen Rand der Wöhrder Wiese, Vogelsgarten 11, wurde zur Café-Bar umgebaut und hat einen romantischen Außenbereich.

110 Der Wunschring am Schönen Brunnen

Als das Wünschen noch geholfen hat

Wer nicht daran gedreht hat, war nicht wirklich in der Stadt: der Wunschring am Schönen Brunnen. Golden ist er und aus einem Guss. Nahtlos. Ohne Anfang und Ende. Einfach so. Zwischen all dem ehernen schwarzen Gitter außenrum. Ein echtes Zauberding eben.

Man dreht dran und wünscht sich was – und hast du nicht gesehen: Schon ist es Wirklichkeit. Oder wird Wirklichkeit. Wenn der Wunsch noch etwas warten soll, bis er sich materialisiert. Je nachdem. Nur der Wunschlose ist der Dumme. Er dreht und dreht, und nichts tut sich. Recht geschieht ihm. Keiner geht wunschlos durchs Leben. Das ist irgendwie unanständig.

Klar, dass so ein Ring eine Geschichte hat. Und die geht so: Es war im Mittelalter, und ein Schlossergeselle hatte sich verliebt. Doch, ach, es war die Tochter seines Meisters. Sie hatte ihm immer das Essen gebracht in die Werkstatt, und da war es geschehen. Halb zog er sie, halb sank sie hin. Nur: Es gab ja noch die Standesunterschiede, und die waren schier unüberwindlich. Also war guter Rat teuer. Doch Liebe macht erfinderisch, und so beschloss der Geselle, um an die Unerreichbare zu kommen, sein Gesellen-, ach was, sein Meisterstück abzuliefern.

Die ganze Nacht goss er einen goldenen Ring und zauberte ihn – keiner weiß genau, wie – ins gusseiserne Rankenwerk des Brunnens. Jedenfalls hing das goldene Ding am nächsten Morgen da. Alle staunten, der Meister inbegriffen. Schon tat es ihm leid, dass er den Gesellen einen Dummkopf genannt und ihm seine Tochter verwehrt hatte. Zu gern hätte er ihn gefragt, wie er das Kunststück geschaffen habe. Doch der Geselle war verschwunden. Er ist nie wieder aufgetaucht in der Stadt. Und darauf, einfach am Ring zu drehen und ihn sich herzuwünschen, kam der Meister natürlich nicht. Der Depp.

Adresse Hauptmarkt, 90402 Nürnberg-Altstadt | **ÖPNV** Bus 36, 94, Haltestelle Rathaus | **Tipp** Am Hauptmarkt befindet sich mit Korn & Berg eine der ältesten deutschen Buchhandlungen mit einer breiten Auswahl an Nürnberg-Büchern.

111 Das Zeitungscafé

Schöner lesen, besser denken, angenehmer sitzen

Am schönsten ist es im Sommer. Dann sitzt man bei Weißwein und einer Quiche Lorraine im schattigen Innenhof, vom Kreuzgang umgeben und blickt auf Hermann Kesten, Nürnberger Autor und Namensgeber dieser lauschigen Idylle mitten in der Stadt. Der Bildhauer Wilhelm Uhlig, viele Jahre Dozent an der Nürnberger Kunstakademie, hat ihn geschaffen, im Anzug, mit Hut, den ewigen Reisenden, den leidenschaftlichen Flaneur, den Freund der Poeten, wie er sich selbst nannte, in einem seiner schönsten Bücher.

»Hermann Kesten als Spaziergänger« hat Uhlig seine Plastik genannt, und man stellt sich gern vor, wie der schmächtige, bestenfalls mittelgroße Mann unterwegs war in den Straßen von Paris, New York, Zürich und Nürnberg, die Eindrücke urbanen Lebens einsaugend.

Das Zeitungscafé hätte ihm gefallen, schon wegen des großen Angebots inländischer und ausländischer Titel. Von der »Neuen Zürcher Zeitung« über die »Frankfurter Allgemeine« und die »Süddeutsche Zeitung« bis zu »Le Monde«, »La Stampa« und die »Herald Tribune« ist alles vertreten. Der Stellenteil der »ZEIT« war in der Vergangenheit oft verschwunden, als dies noch Sinn machte. Dann kam das Internet und mit ihm der digitale Kiosk. Alle hatten alles, alle konnten alles lesen. Das Gefühl freilich, mit dem ZEIT- oder FAZ-Stellenmarkt etwas ganz Exklusives in der Hand zu halten, womöglich Lebensentscheidendes, war dahin. Unwiederbringlich. Inzwischen steht das Medium Zeitung unter Nostalgieverdacht.

Und doch: Die Zeitungen, sie entschleunigen das Denken, schaffen Ruhe im Kopf, beleuchten die Geschichte hinter der Geschichte. Keine breaking news, kein ewiges Geklicke und Gescrolle, keine entbehrlichen Links, kein Überangebot, das einen kirre macht. Stattdessen ein Stück Papier in der Hand, das nicht abstürzt und das man, da man es bereits hat, nicht herunterladen muss.

A news paper is a news paper is a news paper.

Adresse Stadtbibliothek, Eingang Peter-Vischer-Straße 3, 90403 Nürnberg-Altstadt |
ÖPNV U1, Haltestelle Lorenzkirche; U2, Haltestelle Wöhrder Wiese | **Öffnungszeiten**
Mo, Di, Fr 11–18 Uhr, Do 11–19 Uhr, Sa 10–13 Uhr sowie bei den zahlreichen Abend-
veranstaltungen | **Tipp** Den Kreuzgang ums Zeitungscafé sollte man keinesfalls versäu-
men.

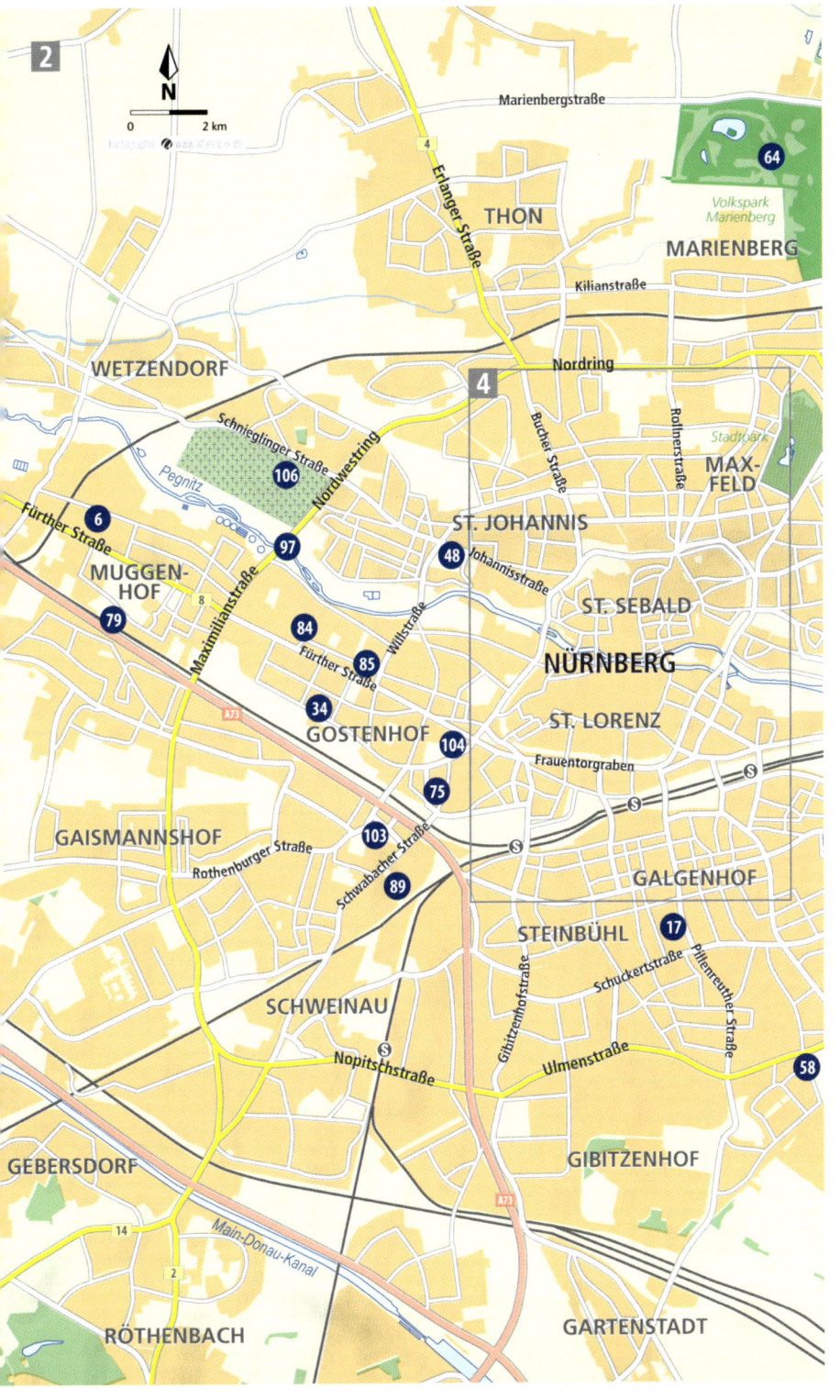

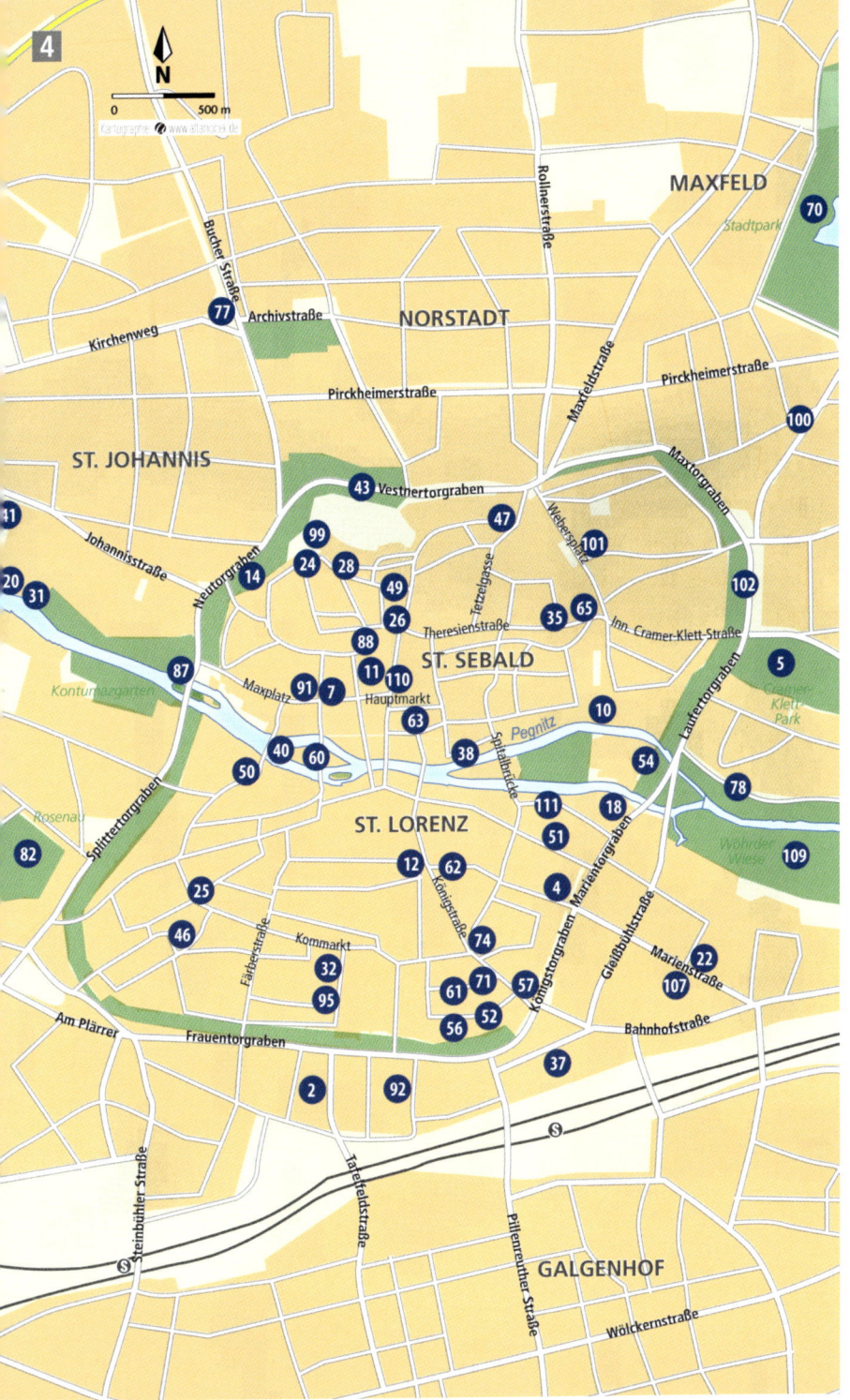

Carsten Henn
111 deutsche Weine, die man getrunken haben muss
ISBN 978-3-89705-849-1

Rüdiger Liedtke
111 Orte auf Mallorca, die man gesehen haben muss
ISBN 978-3-89705-975-7

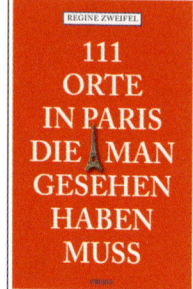

Regine Zweifel
111 Orte in Paris, die man gesehen haben muss
ISBN 978-3-89705-823-1

Alexandra und Jobst Schlennstedt
111 Orte an der Ostseeküste, die man gesehen haben muss
ISBN 978-3-89705-824-8

Lucia Jay von Seldeneck, Carolin Huder, Verena Eidel
111 Orte in Berlin, die man gesehen haben muss
ISBN 978-3-89705-853-8

Rike Wolf
111 Orte in Hamburg, die man gesehen haben muss
ISBN 978-3-89705-916-0

René Förder
111 Orte in Sachsen-Anhalt, die man gesehen haben muss
ISBN 978-3-89705-911-5

Gabriele Kalmbach
111 Orte in Dresden, die man gesehen haben muss
ISBN 978-3-89705-909-2

Oliver Schröter
111 Orte in Leipzig, die man gesehen haben muss
ISBN 978-3-89705-910-8

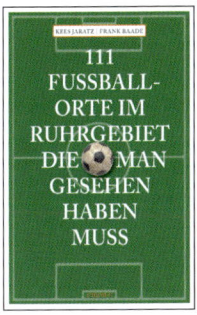

Ralf Koss und Frank Baade
111 Fußballorte im Ruhrgebiet, die man gesehen haben muss
ISBN 978-3-89705-929-0

Fabian Pasalk
111 Orte im Ruhrgebiet, die man gesehen haben muss
ISBN 978-3-89705-814-9

Christina Kuhn und Katrin Höller
111 Orte Südwestfalen, die man gesehen haben muss
ISBN 978-3-89705-926-9

Peter Eickhoff
111 Orte am Niederrhein, die man gesehen haben muss
ISBN 978-3-89705-815-6

Peter Eickhoff
111 Düsseldorfer Orte, die man gesehen haben muss
ISBN 978-3-89705-699-2

Alexander Barth
111 Orte in Aachen und der Euregio, die man gesehen haben muss
ISBN 978-3-89705-931-3

Bernd Imgrund
111 Kölner Orte, die man gesehen haben muss
Band 1
ISBN 978-3-89705-618-3

Bernd Imgrund
111 Kölner Orte, die man gesehen haben muss
Band 2
ISBN 978-3-89705-695-4

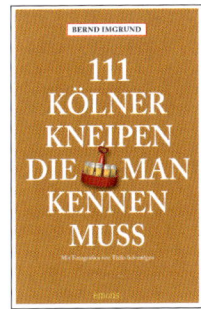

Bernd Imgrund
111 Kölner Kneipen, die man kennen muss
ISBN 978-3-89705-838-5

Sebastian A. Reichert
111 Kölner Geschäfte, die man gesehen haben muss
ISBN 978-3-95451-002-3

Bernd Imgrund
111 Orte im Kölner Umland, die man gesehen haben muss
ISBN 978-3-89705-777-7

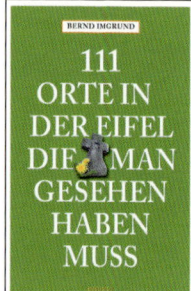

Bernd Imgrund
111 Orte in der Eifel, die man gesehen haben muss
ISBN 978-3-95451-003-0

Peter Gitzinger
111 Orte im Saarland, die man gesehen haben muss
Band 1
ISBN 978-3-89705-709-8

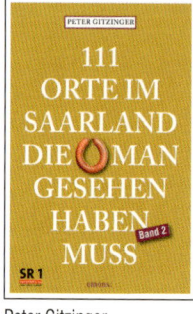

Peter Gitzinger
111 Orte im Saarland, die man gesehen haben muss
Band 2
ISBN 978-3-89705-886-6

Gertrud und Joachim Steiger
111 Orte im Odenwald, Spessart und an der Bergstraße, die man gesehen haben muss
ISBN 978-3-89705-945-0

Thomas Baumann
111 Orte in der Kurpfalz, die man gesehen haben muss
ISBN 978-3-89705-891-0

Daniela Bianca Gierok und Ralf H. Dorweiler
111 Orte im Schwarzwald, die man gesehen haben muss
ISBN 978-3-89705-950-4

Barbara Goerlich
111 Orte auf der Schwäbischen Alb, die man gesehen haben muss
ISBN 978-3-89705-948-1

Dietmar Bruckner, Jo Seuß
**111 Orte in Nürnberg, die man
gesehen haben muss**
ISBN 978-3-95451-042-9

Rüdiger Liedtke
**111 Orte in München, die
man gesehen haben muss**
ISBN 978-3-89705-892-7

Andreas Baar
**111 Orte im Münchener
Umland, die man gesehen
haben muss**
ISBN 978-3-89705-705-0

Lisa Graf-Riemann
und Ottmar Neuburger
**111 Orte im Berchtesgadener
Land, die man gesehen
haben muss**
ISBN 978-3-89705-961-0

Die Autoren

Dietmar Bruckner, 1951 in Nürnberg geboren, arbeitet als Journalist. Er hat mehrere Bücher zur Nürnberger Stadtgeschichte veröffentlicht und schreibt für regionale und überregionale Medien. Als Redakteur bei den Nürnberger Nachrichten war er mit dem Leben in der Stadt bestens vertraut. Dietmar Bruckner hat einen Lehrauftrag an der Uni Bayreuth und lebt im Nürnberger Umland.

Jo Seuß, Jahrgang 1960, lernt Nürnberg seit 1967 von seinen vielen lebenswerten Seiten kennen. Seit 1984 ist er journalistisch tätig und seit 1991 als Redakteur bei den Nürnberger Nachrichten. Er war Mitherausgeber der ersten Ausgabe von »Nürnberg zwischen Sekt und Selters« und hat das Familienmagazin »famos« mitentwickelt. Der dreifache Vater lebt inzwischen knapp westlich der Stadtgrenze und pendelt begeistert täglich zwischen Fürth und Nürnberg – stets auf der Suche nach neuen Orten, die man gesehen haben muss.

Der Fotograf

Peter Roggenthin, Jahrgang 1962, lebt und arbeitet als freier Fotograf in Nürnberg. Nach dem Fotojournalismus-Studium in Dortmund bei Prof. Mack zog er in die oft unterschätzte fränkische Metropole zurück.

Textnachweis
Jo Seuß: Kapitel 1, 4, 6, 9, 10, 12, 13, 15, 17, 18, 19, 20, 26, 27, 29, 30, 35, 36, 40, 41, 45, 46, 47, 51, 54, 56, 57, 58, 59, 64, 67, 68, 70, 72, 73, 75, 77, 78, 79, 81, 82, 85, 86, 87, 89, 90, 93, 94, 97, 98, 100, 102, 103, 105, 106, 107, 108, 109
Dietmar Bruckner: Kapitel 2, 3, 5, 7, 8, 11, 14, 16, 21, 22, 23, 24, 25, 28, 31, 32, 33, 34, 37, 38, 39, 42, 43, 44, 48, 49, 50, 52, 53, 55, 60, 61, 62, 63, 65, 66, 69, 71, 74, 76, 80, 83, 84, 88, 91, 92, 95, 96, 99, 101, 104, 110, 111